Dan Forsberg

Melhoria e distribuição da gestão de chaves em redes móveis

Dan Forsberg

Melhoria e distribuição da gestão de chaves em redes móveis

ScienciaScripts

Imprint

Any brand names and product names mentioned in this book are subject to trademark, brand or patent protection and are trademarks or registered trademarks of their respective holders. The use of brand names, product names, common names, trade names, product descriptions etc. even without a particular marking in this work is in no way to be construed to mean that such names may be regarded as unrestricted in respect of trademark and brand protection legislation and could thus be used by anyone.

Cover image: www.ingimage.com

This book is a translation from the original published under ISBN 978-620-2-30466-5.

Publisher:
Sciencia Scripts
is a trademark of
Dodo Books Indian Ocean Ltd. and OmniScriptum S.R.L publishing group

120 High Road, East Finchley, London, N2 9ED, United Kingdom
Str. Armeneasca 28/1, office 1, Chisinau MD-2012, Republic of Moldova, Europe
Printed at: see last page
ISBN: 978-620-7-63361-6

Prefácio

Sempre gostei de aprender e descobrir coisas novas, especialmente sobre sistemas operativos e comunicação na Internet. Descobri que sempre me interessei pelos aspectos de segurança das coisas que estudei e com que trabalhei. As possibilidades de pirataria informática, a utilização criativa de sistemas e a criação de serviços dão-me um certo arrepio.

Gostaria de agradecer ao meu professor N. Asokan e ao Centro de Investigação da Nokia por terem apoiado os meus estudos de doutoramento e o meu trabalho de investigação durante o período em que lá trabalhei. Estou grato ao meu professor e supervisor Antti Yla-Jaaski e ao HUT, que também financiaram os últimos quilómetros desta dissertação. Agradeço a Valtteri Niemi que me deu a oportunidade de participar no LTE.

Gostaria de agradecer a todos os meus colegas da Nokia, em especial a Dajiang Zhang, Silke Holtmanns, Tiina Koskinen e a todos os engenheiros altamente qualificados dos sistemas de rádio e de base, pelo seu excelente trabalho na normalização da segurança ao longo dos últimos anos. Gostaria de agradecer aos meus colegas da Nokia Siemens Networks, especialmente a Gunther Horn e Marc Blommaert, pela cooperação muito construtiva e profissional ao longo de muitos anos no desenvolvimento e normalização da segurança LTE.

Gostaria de agradecer a todos os participantes do grupo de trabalho três (SA3) do 3GPP SA pelas discussões interessantes e estimulantes sobre segurança e, especialmente, pelas reuniões nocturnas e jantares tardios. Os meus agradecimentos especiais vão para Alec Brusilovsky, Peter Howard, Karl Norrman, Anand R. Prasad e Alf Zugenmeier. Lembro-me com carinho das muitas discussões aprofundadas com o meu amigo Alec sobre a ligação C-RNTI. Lembro-me de me ter tornado fã de sushi num dos jantares tardios com Anand e outros. Lembro-me da noite em que o Peter conduziu a sessão tardia sobre requisitos de gestão de chaves. Tive muitas discussões e ping-pongs agradáveis com o Karl. Também me lembro do apoio do Alf e de discussões agradáveis sobre a qualidade das especificações.

Gostaria de agradecer à minha família, aos meus pais e irmãs, que sempre me incentivaram a estudar e se orgulharam de mim. Gostaria de agradecer aos meus queridos amigos, com quem passei muitos serões a brincar e a conversar.

Por último, gostaria de expressar a minha gratidão e grande apreço a Deus, que pacientemente e graciosamente me guia no caminho do amor, da aprendizagem e da paz.

Dan Forsberg, Helsínquia

Lista de publicações

A presente dissertação é constituída por uma síntese e pelas seguintes publicações, assinaladas no texto com números romanos.

I Wenhui Hu, Dan Forsberg, *Fast Solutions for AP-to-AP Handoffs*, Actas do 11.º Workshop Nórdico sobre Sistemas de TI Seguros (NordSec'06), 19-20 de outubro de 2006, Linkoping, Suécia.

II Dan Forsberg, *Protected session keys context for distributed session key management*, Springer Journal of Wireless Personal Communications, Vol. 43, Issue 2, pp. 665-676, DOI 10.1007/s11277-007-9271-6, outubro de 2007

III Dan Forsberg, Huang Leping, Kashima Tsuyoshi, Seppo Alanaoroa, *Enhancing Security and Privacy in 3GPP E-UTRAN Radio Interface*, The 18th Annual IEEE International Symposium on Personal, Indoor, and Mobile Radio Communications (PIMRC'07). 3 a 6 de setembro de 2007, Atenas, Grécia

IV Dan Forsberg, *LTE Key Management Analysis with Session Key Context*, Elsevier Journal of Computer Communications, Vol. 33, Issue 16, p. 19071915, DOI 10.1016/j.comcom.2010.07.002, outubro de 2010.

V Dan Forsberg, *Use Cases of Implicit Authentication and Key Establishment with Sender and Receiver ID Binding*, IEEE International Symposium on World of Wireless, Mobile and Multimedia Networks (WoWMoM'07), 18 - 21 de junho de 2007, Helsínquia, Finlândia

VI Dan Forsberg, *Secure Distributed AAA with Domain and User Reputation*, The Third IEEE International Workshop on Trust, Security, and Privacy for Ubiquitous Computing, (TSPUC'07), 18 - 21 de junho de 2007, Helsínquia, Finlândia

O autor atual é o autor principal de todas as publicações, exceto da publicação I. A publicação III foi escrita em colaboração com outros autores. A publicação I é a base para a gestão de chaves em redes móveis. A publicação II descreve uma nova técnica de gestão de chaves em redes móveis denominada Session Keys Context (SKC) e compara-a com três outras técnicas existentes, e a publicação IV compara-a com a mais recente tecnologia móvel LTE. A publicação III descreve alguns pontos fracos de segurança no rádio LTE. A publicação VI utiliza os resultados da publicação II para continuar a distribuir a funcionalidade AAA pelas extremidades das redes móveis. A publicação V baseia-se nas técnicas de derivação de chaves utilizadas para SKC na publicação II, investiga a criptografia baseada na identidade (IBC) e cria um novo protocolo que utiliza chaves simétricas com ligações de identidade do emissor ou do recetor.

Outras publicações

¹Durante a investigação para esta dissertação, o autor publicou também os seguintes

---

¹A lista não é a lista completa das publicações do autor, mas apenas as contribuições que foram

trabalhos, que não foram incluídos como publicações originais nesta dissertação .
Livros

- Dan Forsberg, Gunther Horn, Wolf-Dietrich Moeller, Valtteri Niemi, *LTE Security,* John Wiley & Sons, ISBN-10: 0470661038, ISBN-13: 978-0470661031, capa dura, 256 páginas, dezembro de 2010.

Publicações referenciadas

- Le Yanqun, Qing Liu, Dan Forsberg, *Diameter user session update procedure for mobile fast node's fast handoff,* The 7th World Multiconference on Systemics, Cybernetics, and Informatics (SCI'03), julho de 2003, Orlando, EUA.
- Dan Forsberg, *Padrão de Segurança: Separação de Privilégios,* VikingPlop'05, Helsínquia, Finlândia, 2005.
- Dan Forsberg, *Segurança RESTful,* Segurança e Privacidade na Web 2.0 (W2SP'09), maio de 2009, Oakland, EUA.

Instruções

- Dan Forsberg, Marc Blommaert, Gunther Horn (Moderador), *T09: Security for 3GPP's Evolved Packet System - A Fourth Generation System,* IEEE Wireless Communications and Networking Conference (WCNC'09), Budapeste, Hungria, abril de 2009.

Rascunhos de Internet IETF

- Qing Liu, Yanqun Le, Dan Forsberg, *Diameter User Session Mobility Application,* IETF Internet-Draft, work-in-progress (expired), Feb 2003, URL: http://tools.ietf.org/html/draft-liu-aaa-diameter-session-mobility-00
- D. Forsberg, J. Bournelle, R. Marin Lopez, *PANA Mobility Optimisations with Session Keys Context,* IETF Internet-Draft, work-in-progress (expired), outubro de 2005, URL: http://tools.ietf.org/tools/rfcmarkup/rfcmarkup.cgi?draft=draft-forsberg-pana-skc-00
- J. Bournelle (Ed.), M. Laurent-Maknavicius, R. Marin Lopez, D. Forsberg, J-M. Combes, *PANA Mobility Optimisations Analysis,* IETF Internet-Draft, work-in-progress (vazado), outubro de 2005, URL: http://tools.ietf.org/draft/draft-bournelle-pana-mobopts-analysis/draft-bournelle-pana-mobopts-analysis-00.txt
- D. Forsberg (Ed.), Y. Ohba, B. Patil, H. Tschofenig, A. Yegin, *PANA Mobility Optimisations,* IETF Internet-Draft, work-in-progress (expired), outubro de 2005, URL: http://tools.ietf.org/html/draft-ietf-pana-mobopts-01
- H. Tschofenig, A. Yegin, D. Forsberg, *Bootstrapping RFC3118 Delayed DHCP Authentication Using EAP-based Network Access Authentication,* IETF InternetDraft, work-in-progress (expired), Jully 2008, URL: http://tools.ietf.org/html/draft- yegin-eap-boot-rfc3118-03

Normas IETF

- D. Forsberg, Y. Ohba (ed.), B. Patil, H. Tschofenig, A. Yegin, *Protocol for Carrying Authentication for Network Access (PANA),* IETF RFC 5191 Standards Track, maio de 2008, URL: http://tools.ietf.org/html/rfc5191

Normas 3GPP

- *3rd Generation Partnership Project; Technical Specification Group Services and System Aspects; 3GPP System Architecture Evolution (SAE); Security Architecture (Release 8),* 3GPP Technical Specification 33.401 v8.4.0, junho de

---

publicadas no decurso da investigação para esta dissertação

2008. URL: http://www.3gpp.org/ftp/Specs/html-info/33401.htm

Patentes americanas

- Forsberg Dan, *Methods, systems, devices and computer program products for providing user access to broadcast content in combination with short range communications content*, United States Patent 7,536,151 May 2009
- Forsberg Dan, *Method of moving currents in communication networks*, United States Patent 7,519,738 abril de 2009
- Forsberg Dan, *Faster authentication with parallel message processing*, United States Patent 7,458,095 novembro de 2008
- Le Yanqun, Liu Qing, Forsberg Dan, *Procedimento de atualização de sessão para autenticação, autorização e contabilidade*, Patente dos Estados Unidos 7,266,100 setembro de 2007
Forsberg Dan, Yang Fan, *System and method for automatically generating application profiles and guidelines*, United States Patent 7,263,353 August 2007

Contribuição do autor

Esta dissertação pertence à área da ciência e engenharia informática e à subárea da segurança de sistemas e proteção de dados. Nesta secção, resumimos as contribuições do autor para as publicações incluídas nesta dissertação. O Capítulo 3 discute ainda as contribuições e as suas limitações e compara-as com os trabalhos relacionados mais significativos e recentes.Publicação I (Fast solutions for AP-to-AP handoffs) O autor desta dissertação supervisionou o aluno num seminário de investigação na Universidade de Tecnologia de Helsínquia. O autor introduziu o aluno na área de investigação e seleccionou trabalhos relacionados, ajudou a formular o problema e a comparar diferentes mecanismos de mobilidade.Publicação II (Protected Session Keys Context for Distributed Session Key Management) descreve um novo protocolo de gestão de chaves escalável e flexível para redes móveis, denominado Session Keys Context (SKC), e analisa-o e compara-o com três outros protocolos de gestão de chaves. O protocolo SKC é flexível e mantém um equilíbrio entre o consumo de memória e a carga de sinalização. Elimina o fator de atraso da ligação entre os pontos de acesso e o distribuidor de chaves do handoff de tempo crítico. A publicação III (Enhancing Security and Privacy in 3GPP E-UTRAN Radio Interface) enumera novas ameaças à segurança da rádio LTE, incluindo vários ataques para localizar utilizadores com base em mensagens de sinalização e um ataque para roubar serviços activos com base em falsos relatórios de estado da memória intermédia. O documento propõe soluções para os vários problemas, a fim de atenuar as ameaças à segurança identificadas para o rádio LTE. O autor centrou-se nos problemas de segurança e na sua correção. A publicação IV (LTE Key Management Analysis with Session Keys Context) descreve e analisa a arquitetura de segurança LTE e a gestão de chaves [5]. O documento compara e quantifica a gestão de chaves LTE com o contexto das chaves de sessão (ver publicação II). A publicação V (Use cases of Implicit Authentication and Key Establishment with Sender and Receiver ID Binding) investiga a criptografia assimétrica baseada na identidade e aplica-a a chaves simétricas. O documento descreve um novo protocolo de estabelecimento de chaves que permite a autenticação implícita com base na identificação do remetente, do destinatário ou na ligação da identificação do remetente e do destinatário. O documento também fornece novos casos de utilização de alto nível para o protocolo, como a criação de chaves para clientes do servidor de operações e gestão a partir de uma chave de raiz e da identidade do cliente, e a autenticação parcial ao nível do pacote IP utilizando o Sistema de Nomes de Domínio (DNS) [78, 79, 80, 81]. A publicação VI (Secure Distributed AAA with Domain and User Reputation) explora a distribuição de um sistema AAA para as extremidades da rede sem violar os requisitos dos sistemas AAA. Descreve uma nova arquitetura AAA distribuída baseada em segurança de hardware e certificados partilhados. O documento descreve um controlo de acesso à rede baseado na comunidade de alto nível com reputação e participação do utilizador. O sistema utiliza a solução SKC descrita na Publicação II, que permite que os encaminhadores de acesso actuem como servidores e clientes AAA e consigam um sistema AAA distribuído escalável.

Lista de abreviaturas

2G	2nd Generation Cellular Network
3G	3rd Generation Cellular Network
3GPP	3rd Generation Partnership Project
AAA	Authentication, Authorization, and Accounting
AAAF	AAA Foreign server
AAAH	AAA Home server
AK	Authenticated Key establishment
AKE	Authenticated Key Establishment
AP	Access Point
AS	Authentication Server
CA	Certificate Authority
CXTP	Context Transfer Protocol
DNS	Domain Name System
EAP	Extensible Authentication Protocol
ERP	EAP Re-authentication Protocol
eNB	Evolved Node-B (LTE base station)
FMIPv6	Fast handovers for Mobile IPv6
F-HMIPv6	Fast handover in Hierarchical Mobile IPv6
GPS	Global Positioning System
GSM	Global System for Mobile communications
HA	Home Agent
HMIPv6	Hierarchical Mobile IPv6
HOKEY	Handover Keying
HTTP	Hypertext Transfer Protocol
ID	Identity
IBC	Identity Based Cryptography
IAPP	Inter-AP Protocol
IEEE	Institute of Electrical and Electronics Engineers
IETF	Internet Engineering Task Force
IPv6	Internet Protocol version 6
KD	Key Distributor
KDC	Key Distribution Center
LTE	Long Term Evolution
MIPv6	Mobile IPv6
MME	Mobility Management Entity
MN	Mobile Node
NIST	National Institute of Standards and Technology
OSI/RM	Open System Interconnection Reference Model
P2P	Peer-to-Peer
PGP	Pretty Good Privacy
RFC	Request for Comments

RK	Roaming Key
RNC	Radio Network Controller
SKC	Session Keys Context
TCG	Trusted Computing Group
TLS	Transport Layer Security
TPM	Trusted Platform Module
UMTS	Universal Mobile Telecommunications System
WiMAX	Worldwide Interoperability for Microwave Access
WLAN	Wireless Local Area Network

Capítulo 1 Introdução

As redes de acesso móvel sem fios estão a proliferar em todo o mundo, os dispositivos móveis estão a espalhar-se de país para país e as pessoas utilizam cada vez mais os seus dispositivos para aceder a serviços Web da Internet. Os operadores estão a investir fortemente em infra-estruturas de redes sem fios e as entidades reguladoras e os utilizadores exigem proteção para os dados consumidos e trocados através de redes sem fios.

Consequentemente, os operadores não querem dar aos utilizadores acesso às suas redes, a não ser que sejam clientes pagantes, e os utilizadores não querem transmitir os seus dados pessoais sem proteção nem pagar por algo que não compraram nem aceitaram. Por outro lado, os utilizadores mal-intencionados querem aceder à rede gratuitamente ou de forma anónima ou disfarçados de outros utilizadores, etc. Em suma, existem múltiplos incentivos para garantir o controlo do acesso e a privacidade das redes de acesso sem fios, mas também para minimizar o impacto de nós ou sistemas de rede comprometidos, especialmente no extremo da rede, onde os pontos de acesso sem fios podem estar localizados em ambientes públicos ou privados. Consequentemente, as redes sem fios exigem a autenticação dos utilizadores e a gestão das chaves de sessão para proteger a sinalização e os dados dos utilizadores.

Nesta dissertação, centramo-nos na gestão de chaves de sessão para redes de acesso sem fios. Existem várias definições para a gestão de chaves. A Internet RFC 4949 define-a da seguinte forma: "*O processo de manuseamento de material chave durante o seu ciclo de vida num sistema criptográfico; e a monitorização e controlo desse processo*" [108]. O NIST define-o como "As *actividades que envolvem o manuseamento de chaves criptográficas e outros parâmetros de segurança associados (p. ex., IVs, contadores) ao longo do ciclo de vida das chaves, incluindo a sua geração, armazenamento, distribuição, entrada e utilização, cancelamento ou destruição e arquivo*" [89, 90], e o Modelo de Referência de Interligação de Sistemas Abertos (OSI/RM) descreve-o da seguinte forma "*A geração, o armazenamento, a distribuição, a eliminação, o arquivamento e a aplicação de chaves de acordo com uma política de segurança*" [53].

Nesta dissertação, no entanto, usamos o termo gestão de chaves para nos referirmos aos mecanismos e regras de criação, distribuição, derivação e utilização de chaves criptográficas resultantes de um procedimento de autenticação, e restringimo-lo ao domínio das redes móveis (e.g, GSM [104, 3], UMTS [58, 2, 88], WLAN (802.11) [52], LTE [106, 5], WiMAX (802.16) [11, 51]), que consistem em nós móveis (MN); pontos de acesso (AP); distribuidores de chaves (KD); e um servidor de autenticação (AS). Os MNs são dispositivos móveis que partilham uma tecnologia de rádio comum com os APs e efectuam transferências de um AP para outro à medida que se deslocam. [2]Uma arquitetura de referência simples é apresentada na Figura 1.1.

---

[2]Nas redes celulares, o PA é designado por estação de base rádio (BS), NodeB ou NodeB evoluído (eNB), o nó móvel por equipamento do utilizador (UE) ou terminal móvel (MT), o servidor de autenticação por Home Subscriber Server (HSS) e o distribuidor de chaves é atribuído a outro nó da rede, como a Mobile Management Entity (MME) em LTE ou o Serving GPRS Support Node (SGSN) em UMTS e GSM.

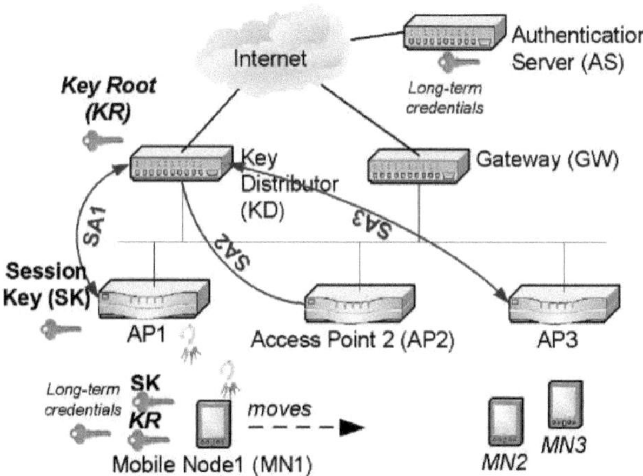

Figura 1.1: Arquitetura de referência da rede de acesso móvel

1.1 Quadro de investigação

"Os cientistas e engenheiros informáticos concentram-se na informação, na forma como a informação é representada e processada e nas máquinas e sistemas que realizam estas tarefas." [29] (p. 19)

O problema é que a gestão e a autenticação de chaves nas redes móveis afectam negativamente o desempenho da transferência, aumentam o tempo crítico de transferência e acrescentam despesas gerais ao sistema em termos de sinalização de troca de chaves, autenticação e distribuição de chaves. O objetivo é encontrar esquemas de gestão de chaves mais eficientes e seguros para as redes móveis e distribuir a funcionalidade de distribuição de chaves pelas extremidades para permitir uma maior escalabilidade da distribuição de chaves sem perder a segurança. Desta forma, a eficiência em termos de custos e de energia do subsistema de gestão de chaves é melhorada, reduzindo a pressão de investimento sobre os elementos da rede de base. A eficiência de custos é muito importante para os operadores de redes móveis, dado que o custo das assinaturas móveis para os utilizadores finais está a diminuir enquanto os débitos de dados estão a aumentar, por exemplo, com os modems 3G para computadores portáteis. A eficiência energética é também uma questão importante, especialmente agora que o aquecimento global se tornou um problema mundial.

Por eficiência da gestão de chaves entende-se que a gestão de chaves apenas atrasa minimamente a parte crítica do processo de transferência e todo o sistema em geral. Por distribuição, entende-se que a carga de gestão de chaves do KD pode ser distribuída por outros elementos da rede. Por escalabilidade, entende-se que o KD é capaz de servir mais

APs e MNs com os mesmos recursos de computação e sinalização.

A carga da gestão de chaves inclui uma série de mensagens de sinalização em tempo real e não real e o seu tempo de processamento. No entanto, também queremos considerar os requisitos de desempenho da gestão de chaves que se aplicam à rede. Estes incluem o atraso de sinalização e o tempo de resposta entre os APs e o KD. Outros aspectos a considerar ao avaliar os sistemas de gestão de chaves incluem a flexibilidade para se adaptar a diferentes tipos de implantações e arquitecturas de rede em que os atrasos de sinalização e as ligações variam.

As transferências verticais ou os problemas de mobilidade entre sistemas estão fora do âmbito da presente dissertação. As redes de sensores, ad-hoc e veiculares também não são consideradas. A criptografia com chaves assimétricas não é objeto desta dissertação, uma vez que é considerada demasiado pesada para as transferências em tempo crítico. Em geral, permitir transferências rápidas é um tema de investigação comum nas redes móveis, que inclui optimizações da sinalização ao nível do rádio, previsões de transferências, pré-atribuição de recursos, etc.

Ao avaliar os resultados, respondemos a perguntas como "*A ideia oferece uma capacidade nova e mais útil ou uma maior funcionalidade?*" ou "*É mais rápida ou mais eficiente?*". [28]. A metodologia de investigação é, portanto, uma abordagem técnica construtiva do problema. Encontramos e exploramos novas soluções e formas de atingir o objetivo e resolver o problema. Comparamos e analisamos os resultados com trabalhos anteriores e quantificamo-los e simulamo-los.

A natureza do problema não exige necessariamente a validação através da criação de protótipos. A própria análise de segurança ajuda a compreender o impacto global das soluções de gestão de chaves no sistema e a avaliar as várias propriedades de segurança. Medir o impacto no desempenho do sistema e no equilíbrio da carga também é difícil, mas com uma comparação analítica e uma análise quantitativa em relação a trabalhos artísticos relacionados, é possível estimar os impactos gerais e tirar conclusões.

1.2 Contribuições

A dissertação aborda três aspectos críticos da gestão de chaves em redes móveis: gestão de chaves distribuída e eficiente em termos de transferência, arquitetura descentralizada de autenticação, autorização e contabilidade (AAA) e utilização da derivação de chaves para conseguir a separação de chaves.

As publicações I, II e IV abordam as técnicas de gestão de chaves utilizadas nas redes móveis, especialmente na mais recente tecnologia móvel LTE, enquanto a publicação III se centra nas questões de segurança da camada de ligação da LTE.

Na Publicação V, a gestão de chaves para redes móveis é transferida para a extremidade da rede, utilizando os resultados da *Publicação II* e a descentralização da arquitetura AAA.

A publicação VI generaliza os mecanismos de ligação de identidade utilizados na SKC (*publicação II*) com derivações de chave semelhantes e explora a área da criptografia baseada na identidade (IBC).

As contribuições mais importantes da dissertação e das publicações individuais são as seguintes:

1. Novo método distribuído e escalável para a gestão de chaves em redes móveis denominado Session Keys Context (SKC) e sua comparação com LTE [5]

    (a) A publicação II descreve um novo protocolo de gestão de chaves escalável e flexível para redes móveis, denominado Session Keys Context (SKC), e analisa-o e compara-o com três outros protocolos de gestão de chaves.

    Descreve e analisa os resultados de uma simulação simples que compara os mecanismos de pedido de chaves e de gestão de chaves SKC numa pilha de rádio celular (UMTS).

    O SKC é flexível e pode ser utilizado para manter um equilíbrio entre o consumo de memória e a carga de sinalização de tempo crítico. Elimina o fator de atraso da ligação entre os pontos de acesso e o distribuidor de chaves dos handoffs críticos em termos de tempo.

    (b) A publicação III enumera novas ameaças à segurança do rádio LTE, incluindo vários ataques de localização de utilizadores com base em mensagens de sinalização e um ataque para roubar serviços activos com base em falsos relatórios de estado da memória intermédia.

    São propostas soluções para os vários problemas, a fim de atenuar as ameaças à segurança identificadas para o rádio LTE.

    (c) A publicação IV descreve e analisa a arquitetura de segurança LTE e a gestão de chaves [5], e compara e quantifica a gestão de chaves LTE com a SKC.

    São discutidas alternativas de implementação para a gestão de chaves LTE que mantêm a conformidade com a especificação da interface LTE over-the-air.

2. Protocolo simples de geração de chaves simétricas com autenticação implícita

    (a) Na publicação V, a criptografia assimétrica baseada na identidade é analisada e aplicada com chaves simétricas.

    Descreve um novo protocolo de geração de chaves que permite a autenticação implícita com base na identificação do remetente, do destinatário ou em ambas as ligações de identificação do remetente e do destinatário. Utiliza derivações de chaves assimétricas semelhantes às da *Publicação II* com SKC.

    Fornece casos de utilização de alto nível para o protocolo, como a criação de chaves para clientes do Operations & Management Server a partir de uma chave de raiz e da identidade do cliente, bem como a autenticação parcial ao nível dos pacotes IP utilizando o Domain Name System (DNS) [78, 79, 80, 81].

3. Arquitetura AAA descentralizada

   (a) A publicação VI examina a distribuição de um sistema AAA para as extremidades da rede sem violar os requisitos dos sistemas AAA.

   Descreve uma nova arquitetura AAA distribuída baseada em certificados e segurança de hardware partilhados.

   Descreve o controlo de acesso à rede baseado numa comunidade de alto nível com a reputação e a participação dos utilizadores.

   O sistema utiliza a solução SKC descrita na *publicação II*, que permite que os encaminhadores de acesso actuem como servidores e clientes AAA e obtenham um sistema AAA distribuído e escalável.

1.3 Estrutura da dissertação

O resto da tese está organizado da seguinte forma. O Capítulo 2 fornece informações de base sobre os requisitos e as técnicas de gestão de chaves em redes móveis e enumera alguns elementos criptográficos utilizados na gestão de chaves. As contribuições desta dissertação são discutidas no Capítulo 3 e as conclusões são resumidas no Capítulo 4.

Os artigos publicados são apresentados em capítulos separados no final: *Soluções rápidas para Handoffs AP-to-AP* na Publicação I, *Contexto de chaves de sessão protegidas para a gestão distribuída de chaves de sessão* na Publicação II, *Melhoria da segurança e da privacidade na interface de rádio 3GPP E-UTRAN* na Publicação III, *Comparação da gestão de chaves LTE com o contexto de chaves de sessão* na Publicação IV, *Casos de utilização de autenticação implícita e estabelecimento de chaves com ligação de ID do remetente e do destinatário* na Publicação V e *AAA distribuído seguro com reputação de domínio e utilizador* na Publicação VI.

Capítulo 2 Principais requisitos e mecanismos de gestão

2.1 Requisitos de gestão de chaves para redes móveis

Existem vários requisitos para a gestão de chaves nas redes móveis. A Internet Engineering Task Force (IETF) produziu um documento de melhores práticas actuais (RFC4962) [45] que descreve os requisitos ou orientações para a gestão de chaves para autenticação, autorização e contabilidade (AAA) [109] [30]. A IETF também estabeleceu critérios para a avaliação dos protocolos AAA para acesso à rede [8]. Além disso, tanto a WLAN (IEEE 802.11) como a WiMAX (IEEE 802.16) seguem orientações semelhantes nas suas especificações. No sector das comunicações móveis, o 3rd Generation Partnership Project (3GPP) definiu requisitos gerais de segurança e arquitecturas para redes móveis como GSM, UMTS e LTE [1, 4, 7, 5, 6].

A principal ameaça à gestão das chaves de transferência é o comprometimento das chaves (por exemplo, um atacante ataca um PA para lhe retirar as chaves). Para atenuar esta ameaça, é necessária a separação das chaves a vários níveis. Por conseguinte, os requisitos de segurança para a gestão das chaves de transmissão podem ser resumidos no termo "separação de chaves". Por separação de chaves, entendemos chaves criptograficamente separadas em que são utilizados parâmetros diferentes para derivar a chave secreta (por exemplo, sementes secretas diferentes). Por outras palavras, as chaves A e B são separadas se a chave B não puder ser derivada da chave A e a chave B não puder ser derivada da chave A (com base em parâmetros públicos ou parâmetros que o detentor da chave possui, mas não a chave real a ser derivada). Uma função de derivação de chaves (KDF) é utilizada para a derivação de chaves. A KDF deve ser uma função unidireccional (por exemplo, uma função de hash como a SHA256).

A separação parcial de chaves é conseguida se o requisito se aplicar apenas numa direção, mas não na outra. $_{12121}$Se $K1$ for utilizado para derivar $K2$ com uma função de derivação de chave unidirecional, aplica-se a propriedade K -| K, mas não K |- K (o início " |" significa que a derivação da chave está bloqueada nesta direção; K aparece antes de $K2$ na cadeia de chaves). [3]Chamamos a isto separação de chaves para trás , uma vez que a derivação da chave está bloqueada para trás na cadeia de chaves. A separação de chaves para a frente significa que $K1$ |- $K2$ se aplica, ou seja, $K1$ não pode ser usada para derivar $K2$. Se se aplicar tanto a separação de chaves para trás como para a frente, isto pode ser referido como $K1$ |-| $K2$. Os requisitos de segurança impostos à gestão das chaves de transferência podem ser resumidos da seguinte forma:

1. Importante separação entre as tecnologias de redes de acesso

2. Separação de chaves entre APs

3. Separação de chaves entre MNs

---

[3] Note-se que esta é a definição inversa da definição tradicional de sigilo total

4. Separação de chaves entre algoritmos

5. Importante separação entre o nível de controlo e o nível do utilizador (ou seja, mensagens de sinalização e dados do utilizador)

6. Separação de chaves entre a proteção da integridade e a cifragem

7. Separação de fluxos principais entre fluxos e direcções (a montante e a jusante)

8. Os bits do fluxo de chaves devem ser sempre novos (ou seja, o mesmo fluxo de chaves não deve ser utilizado duas vezes para proteção da integridade ou cifragem de dados).

Tanto a IETF como o IEEE estipulam que cada AP não deve partilhar o mesmo material de chave com outro AP. Este princípio não se aplica ao GSM, uma vez que a mesma chave é transmitida entre as estações de base. O UMTS contorna este requisito introduzindo um elemento de rede intermédio acima das estações de base, o Radio Network Controller (RNC), que completa a sinalização e a proteção dos dados. O RNC está normalmente situado num local fisicamente seguro, o que o torna mais resistente a ataques físicos. Tal como no GSM, os RNCs transmitem as mesmas chaves ao RNC de destino. As mesmas chaves são também transmitidas durante o interfuncionamento entre as redes GSM e UMTS, de modo a que as vulnerabilidades da rede GSM mais antiga possam ser transferidas para a rede UMTS, ver [73, 72].

A mais recente norma móvel 3GPP LTE já não tem um RNC e a sinalização e a proteção de dados são completadas nas estações de base. No entanto, a LTE adoptou a abordagem de cumprir todos estes requisitos.

2.2   Mecanismos de gestão de chaves em redes móveis

Nesta secção, analisamos a arte relacionada com a gestão de chaves em redes de acesso móvel que visam cumprir os requisitos da gestão de chaves AAA, ou seja, em particular, a forma como podem ser fornecidas novas chaves aos AP.

Há muito trabalho a fazer para acelerar a re-autenticação dos MN. A execução do protocolo de autenticação completo não é suficientemente rápida para as transferências em tempo crítico (na ordem de algumas dezenas de milissegundos). Os hard handoffs são críticos em termos de tempo no sentido em que o canal de comunicação é interrompido quando o MN se desloca do PA de origem para o PA de destino (ou da célula de origem para a célula de destino). Se a interrupção for grande, isso tem um impacto negativo na qualidade dos serviços em tempo real, como a voz sobre IP. Com os handoffs "make before break", a interrupção pode ser reduzida porque o AP de destino já foi preparado antes da interrupção efectiva do rádio, mas a interrupção mantém-se. O objetivo é efetuar o handoff o mais rapidamente possível e evitar a perda de pacotes de dados devido ao handoff. Uma vez que o protocolo de autenticação completo exige a sinalização para o servidor de autenticação (AS) da rede de acesso, o desempenho não é suficientemente bom devido às muitas ligações e viagens de ida e volta. Além disso, a carga no AS aumenta com o número de handoffs e MNs, pelo que não é escalável. O objetivo é tornar a gestão de chaves escalável com um impacto mínimo no tempo (crítico) de transferência.

Quando o MN se regista numa rede de acesso, autentica-se junto da rede doméstica (1994) [82]. Normalmente, o SA da rede doméstica cria uma chave de sessão principal com base no resultado da autenticação e dela deriva outra chave, que é enviada para a rede de acesso em que o MN se encontra. No contexto da gestão de chaves do Protocolo de Autenticação Extensível (EAP) [9], o elemento da rede de acesso que recebe esta chave e a encaminha para os AP é designado por Distribuidor de Chaves (KD) ou Centro de Distribuição de Chaves (KDC). O quadro de gestão de chaves EAP é um quadro comum para otimizar a gestão de chaves na tecnologia conexa, juntamente com a rede WLAN (802.1X [50]). A chave específica do MN no KD é então utilizada como base para a autenticação localizada entre a rede de acesso e o MN. A chave específica do MN no KD também pode ser referida como a chave de raiz na hierarquia de chaves para a gestão localizada de chaves.

2.2.1 Pedido de chave

O pedido de chave é a forma mais simples de transferência da chave de sessão para o PA. O PA envia um pedido de chave ao KD quando o MN o entrega. O KD cria uma nova chave de sessão específica do PA de acordo com as directrizes de gestão de chaves AAA e entrega-a ao novo PA. Pode ser utilizado um mecanismo modificado para os casos em que a sinalização de transferência passa por um elemento central que fornece a funcionalidade KD (por exemplo, um comutador WLAN ou o MME em EPS). Neste caso, o AP de origem envia um pedido de chave ao KD juntamente com outros sinais de mobilidade, mas o KD envia então uma nova chave para a estação de base de destino e não para a estação de base de origem. A LTE utiliza este esquema de pedido de chave modificado na transferência S1 e um mecanismo normal de pedido de chave na transferência X2, exceto que na transferência X2 a nova chave é utilizada na transferência seguinte e não na transferência atual.

Um dos protocolos mais recentes baseados em pedidos de chaves é o EAP Re-authentication Protocol (ERP) (2008) [85], que teve origem no grupo de trabalho IETF Handover Keying (HOKEY) [27]. Xiao e Sarikaya descrevem alguns casos de utilização para o ERP (2009) [119] e Marin et al. analisaram e encontraram uma vulnerabilidade na proposta HOKEY antes de o ERP ser finalizado em (2009) [70].

O atraso na transferência associado à gestão das chaves consiste na distribuição e autenticação das chaves, ou seja, na derivação e transmissão das chaves correctas ao PA de destino e na sua utilização pelo MN. Há propostas para acelerar ainda mais o handoff, removendo a distribuição de chaves e parte da autenticação da fase de sinalização de handoff, que é crítica em termos de tempo. Por outro lado, o procedimento de pedido de chaves exige um KD rápido e uma ligação rápida entre o KD e os AP, o que tem impacto na arquitetura da rede e nos cenários de implantação. Além disso, o KD deve ser adequadamente protegido contra pessoas externas (em comparação com o comutador WLAN).

2.2.2 Pré-distribuição

Num cenário de pré-distribuição (ou chaveamento preemptivo) (2003-2004) [12, 75, 77, 60], o KD obtém chaves de sessão específicas para o AP e distribui-as a um conjunto de APs quando o MN se liga com êxito à rede de acesso. Os APs específicos e o número de APs incluídos no esquema de pré-distribuição podem variar (ou seja, um conjunto específico de APs) (2004) [77]. Este cenário acelera a transferência, uma vez que a chave já se encontra no AP de destino, se este estiver no grupo de distribuição do algoritmo de pré-distribuição.

A principal desvantagem do esquema de pré-distribuição é o facto de aumentar a sinalização entre o KD e os APs. Além disso, o KD tem de pré-distribuir as chaves a vários PA vizinhos do PA atual do MN, embora o MN possa nunca visitar os PA vizinhos para os quais as chaves foram pré-distribuídas. Deste modo, os recursos nos PA são desperdiçados e dependem do número de MN registados na área. Mishra et al. (2004) [76] utilizam a pré-distribuição do contexto para os PA vizinhos a partir do PA atual, utilizando gráficos de vizinhança gerados pelo próprio sistema com base em handoffs. Por exemplo, os protocolos IETF CXTP [65, 69] e IEEE IAPP [49] podem ser utilizados entre APs para efetuar a pré-distribuição do contexto. A transferência de contexto entre APs requer associações de segurança. A transferência dentro de um domínio é fácil de efetuar, mas a transferência entre domínios diferentes exige a cooperação entre administradores de domínios. Bargh et al. (2004) [18] investigam mais aprofundadamente esta área problemática para transferências entre sistemas. Kassab et al. (2008) [61] simulam a pré-distribuição de chaves com transferências de contexto entre APs e concluem que suporta melhor os MNs de alta velocidade em comparação com o método de distribuição centralizada de chaves do KD. Isto pode dever-se à carga distribuída nos APs em comparação com a carga do KD. No entanto, isto depende da arquitetura da rede, ou seja, das capacidades das ligações, dos atrasos de propagação e do número de PA por KD.

Prasad e Wang (2005) [103] utilizam uma chave de roaming (RK) derivada da chave de raiz para efetuar a autenticação entre o MN e o AP. Desta forma, os requisitos de segurança do 802.11i são cumpridos, uma vez que a RK só é utilizada para autenticação e as outras chaves derivadas são utilizadas para proteger a integridade e a confidencialidade. Não é descrito o modo como a chave de itinerância é gerada a partir da chave de raiz (PMK na aceção do 802.11i).

Hong et al (2006) [43] utilizam um encadeamento de chaves hash em duas fases para gerar novas chaves a partir da chave raiz no KD para novos APs. O esquema permite a separação de chaves para trás e para a frente. No entanto, o problema desta configuração é que o MN e a rede podem ficar dessincronizados ao derivar a cadeia de chaves, uma vez que não existe informação sobre o número de sequência entre a rede e o MN. É necessária a deteção e correção de erros. O método de Hong et al. utiliza a pré-distribuição aos APs vizinhos, mas, além disso, cada AP vizinho envia um pedido de chave ao KD, o que aumenta significativamente a carga de sinalização no KD. A sinalização é multiplicada em cada transferência porque os APs vizinhos têm de receber uma nova chave do KD após cada transferência e não podem utilizar a chave que receberam após a transferência anterior. Do ponto de vista da escalabilidade do KD, este é um ponto fraco grave do seu documento.

2.2.3 Abordagem otimista

Aura e Roe descrevem um método a que chamam acesso otimista (2005) [16], em que a rede fornece ao MN um bilhete. O MN utiliza então o bilhete como chave de autenticação temporária para obter acesso antes de o procedimento normal de autenticação estar concluído em relação ao AP de destino. Este método é semelhante aos métodos baseados em bilhetes, como o protocolo Kerberos (1987) [74, 86]. Ohba e Dutta descrevem um método de chave de transferência Kerberizada (2007) [93], em que também enviam um bilhete para o AP de destino. Komarova e Riguidel (2007) [63] continuam o mesmo mecanismo e utilizam os bilhetes para a itinerância rápida entre sistemas e permitem que a rede doméstica forneça simultaneamente ao MN vários bilhetes para várias redes visitadas.

Kassab et al. (2007) [59] alargam a gestão de chaves 802.11i com um esquema de autenticação proactiva baseado em bilhetes, em que o MN recebe uma lista de APs vizinhos do AP de serviço e cria bilhetes temporários para eles. O MN envia todos os bilhetes para o AP de serviço, que os distribui pelos APs vizinhos. Durante uma transferência, o PA de destino e o MN partilham um segredo que podem utilizar para autenticação.

Os mecanismos que reforçam a sinalização sem fios têm pontos fracos, como a maior complexidade da implementação do MN, a menor duração da bateria e o maior esforço para testar a interoperabilidade entre os dispositivos finais e os fornecedores de redes.

2.2.4 Pré-autenticação

Pack e Choi (2002) [94] introduzem um mecanismo de pré-autenticação (2002 - 2009) [94, 91, 92, 95, 110] em que o MN se autentica em múltiplos APs através de um único AP. Desta forma, o MN pode estabelecer antecipadamente SKs com vários APs vizinhos. Isto torna o próximo handoff mais rápido, uma vez que as chaves já estão estabelecidas. No entanto, o MN pode ter de efetuar uma pré-autenticação com vários PA, uma vez que não é certo qual o PA para o qual o MN irá efetuar o próximo handoff. Isto aumenta a sinalização no ar (duração da bateria) e as interfaces AP-a-AP. A pré-autenticação é adequada para transferências entre sistemas, dado que os sistemas de origem e de destino podem não suportar os mesmos mecanismos de gestão de chaves ou de autenticação.

Chien et al (2008) [26] descrevem um método rápido de pré-autenticação que utiliza uma cadeia de chaves hash no KD para criar novas chaves de raiz para os APs de destino. Associam a nova chave do AP de destino aos endereços da camada de ligação do MN e do AP de destino, mas também adicionam os nonces seleccionados do MN e do AP de destino. No entanto, esses nonces não são necessários porque a cadeia de chaves hash garante uma nova chave para cada handoff. Chien et al. não encontram outra razão para utilizar os nonces. O seu documento também descreve a utilização do KD para criar uma chave de AP de destino selada que é enviada para o AP atual. O KD sela o segredo para o PA de destino com um segredo partilhado específico do PA de destino. O KD também envia o mesmo segredo para o PA de origem, que pode então utilizar este segredo para encriptar a chave de sessão atual. Quando o PA de origem envia a chave de sessão encriptada e o segredo selado do PA de destino para o PA de destino, o PA de destino pode abrir o segredo e utilizá-lo para desencriptar a chave de sessão. Isto é algo semelhante ao que propusemos na nossa publicação II antes de Chien. Além disso, a sua proposta exige a sinalização com o KD para cada transferência e parece ser crítica em termos de tempo, uma vez que o MN já conhece a identidade do PA de destino e não são efectuadas outras pré-autenticações noutros PA.

Tseng et al (2005) [115] sugerem a utilização do sistema de posicionamento global (GPS) para prever o ponto de acesso WLAN mais próximo para retransmissão. No entanto, o GPS não é suficientemente exato (ou mesmo inutilizável) em espaços interiores onde são utilizadas WLAN. Além disso, os padrões de mobilidade podem fornecer uma melhor estimativa dos possíveis APs vizinhos que devem ser incluídos na lista de vizinhança. No entanto, em grandes redes celulares, em que as células são geograficamente grandes e os MN de alta velocidade têm GPS, o GPS pode oferecer alguma vantagem na estimativa do handoff mais próximo. Por outro lado, no caso dos comboios rápidos, os padrões de mobilidade ou mesmo apenas a configuração da topologia da rede podem ser mais simples.

A nossa publicação II analisa e compara em pormenor os métodos de pedido de chave, pré-distribuição e pré-autenticação e compara-os com o nosso novo mecanismo de contexto de chave de sessão.

2.2.5 Programas de encriptação baseados na chave pública

Os métodos baseados em chaves públicas não são tradicionalmente considerados porque as operações criptográficas assimétricas (como a descodificação e a assinatura com uma chave secreta do par de chaves públicas) são consideradas demasiado intensivas do ponto de vista computacional para os dispositivos móveis e sem fios em que as transferências são muito críticas em termos de tempo. No entanto, as chaves públicas podem ser utilizadas para a autenticação inicial do utilizador e/ou do dispositivo terminal [31, 32].

Kim et al (2007) [62] descrevem um protocolo de autenticação baseado em criptografia de identidade (IBC) [107] para redes móveis entre MN e AP. O seu protocolo requer quatro emparelhamentos em curvas elípticas e o tempo total estimado no seu exemplo com hardware dedicado é de 5 ms para as quatro operações. No entanto, o hardware dedicado é um fator de custo adicional para os terminais dos assinantes móveis e, se não for executado em paralelo com outros procedimentos de transferência via rádio, é demasiado dispendioso em termos do orçamento global de transferência.

Capítulo 3 Melhoria e distribuição da gestão de chaves para redes móveis

Neste capítulo, analisamos as contribuições deste trabalho e destacamos os benefícios e limitações da gestão de chaves em redes móveis. Também contrastamos as contribuições com os avanços recentes nesta área de investigação e avaliamos os resultados. Começamos com a Publicação I e passamos por todas as publicações desta tese.

3.1 Session Keys Context, um novo tipo de tecnologia de gestão de chaves

3.1.1 Soluções rápidas para a transferência de AP para AP

Resumo e contributos. A publicação I descreve alguns mecanismos existentes de mobilidade e gestão de chaves para redes móveis e propõe uma nova abordagem para handoffs autenticados entre APs com base em chaves públicas, pré-autenticação e caches de chaves públicas. Cada MN tem um par de chaves públicas que é utilizado para autenticar o MN na rede de acesso. Opcionalmente, a rede de acesso ou o PA também possui uma chave pública ou um certificado de chave pública para autenticação entre PAs e até mesmo para o MN. O MN e o PA são autenticados antes do handoff efetivo, a fim de reduzir a sinalização de tempo crítico durante o procedimento de handoff.

Trabalhos relacionados. O documento refere-se a mecanismos de autenticação em duas extensões de IP móvel [96, 97, 98, 100, 56], ou seja, em Fast Handovers for Mobile IPv6 (FMIPv6) [64], em Hierarchical Mobile IPv6 (HMIPv6) [111], e na sua combinação denominada Fast handover in Hierarchical Mobile IPv6 (F-HMIPv6) [57]. Todas funcionam em conjunto com infra-estruturas AAA [39, 99] que utilizam segredos partilhados. Em seguida, é feita referência ao Kerberos [74] e à credencial AP-to-AP [16], que utilizam o MN para fornecer ao AP de destino o material-chave ou o token de autorização para uma transferência bem sucedida. Em seguida, é feita referência a autenticações localizadas que se baseiam em diferentes mecanismos de gestão de chaves, nomeadamente a pré-distribuição de chaves [77, 60] e a autenticação preditiva (ou pré-autenticação) [94]. Por último, o documento refere a autenticação entre APs [69, 49], o que significa que o AP de origem transmite as chaves ao AP de destino. Note-se que a transmissão das mesmas chaves para o AP de destino não cumpre o requisito de gestão de chaves AAA [45] de ter chaves separadas para APs diferentes.

Discussão e avaliação. Neste documento, o termo *"autenticação baseada em palavra-passe"* é utilizado para a autenticação baseada num segredo partilhado, mas isto não é crucial, uma vez que a palavra-passe de alto nível é um segredo partilhado.

A utilização de chaves públicas permite contornar a infraestrutura AAA centralizada para a autenticação dos utilizadores, mas exige uma infraestrutura de chave pública (PKI). No entanto, se apenas forem utilizadas chaves públicas, as partes de autorização e faturação são omitidas.

Em que base devem os utilizadores autenticados ser autorizados a aceder aos recursos da rede? Há também a questão de saber como deve ser gerida a faturação, ou seja, onde devem ser armazenados ou enviados os registos dos dados de faturação? Estas questões não podem ser respondidas com uma infraestrutura PKI pura; é também necessária uma infraestrutura AAA. É claro que elas podem ser combinadas.

A autorização pode ser gerida na rede de acesso e baseada em regras locais, por exemplo, com base em informações de contexto geral, como a hora e a data, mas também com base em informações históricas específicas do utilizador. Deste ponto de vista, a publicação VI é um bom complemento da publicação I e trata da reputação do utilizador e do domínio, ou seja, das informações históricas sobre os utilizadores. Além disso, à semelhança da publicação I, a publicação VI aborda os certificados de chave pública específicos dos PA que podem ser utilizados para a autenticação mútua dos PA. A publicação II aborda ainda o problema de melhorar e distribuir a gestão de chaves para redes móveis, descrevendo uma nova solução.

A faturação é mais difícil sem um servidor AAA doméstico, uma vez que não há forma de enviar registos de dados de faturação para a *rede doméstica* **de um** utilizador específico e, por conseguinte, não há local para onde enviar os registos de dados de faturação. A faturação do acesso à rede poderá ser simplificada se forem estabelecidos modelos tarifários de taxa fixa (limitada). No entanto, tal pode não cumprir todos os requisitos regulamentares aplicáveis às redes dos operadores. Se forem considerados certificados de chave pública, o certificado poderá conter informações sobre o local para onde enviar os dados de faturação. No entanto, em geral, os aspectos da faturação não são o foco desta dissertação, uma vez que se trata de uma funcionalidade distinta da autenticação e da autorização, que só ocorrem posteriormente.

Do ponto de vista da mobilidade, o MN deve poder ser alcançado pelos nós correspondentes de alguma forma, por exemplo, através de um agente doméstico [98], um ponto de ancoragem [36, 23] ou um ponto de encontro [83, 66]. Todos eles suportam arquitecturas de rede em que os utilizadores têm uma rede doméstica (virtual) ou, pelo menos, um primeiro ponto de contacto válido quando a acessibilidade é necessária (por exemplo, em comparação com MNs offline e online). Isto está mais de acordo com as infra-estruturas AAA.

A comparação entre os sistemas de mobilidade e os métodos de gestão de chaves associados poderia ter sido mais aprofundada e mais centrada na análise e comparação quantitativas. Como já foi referido, há muitos aspectos que não são considerados no documento, mas que são importantes quando se considera a proposta de utilização de chaves públicas. No entanto, o documento identifica a parte mais importante do problema desta dissertação e apresenta importantes técnicas relacionadas.

Este documento fornece alguns blocos de construção para atingir os objectivos desta dissertação. Nomeadamente, a utilização de certificados para autenticação de AP na rede, que é discutida com mais pormenor na Publicação VI. O mecanismo para transferências pré-autenticadas descrito neste documento não melhora o desempenho das transferências em comparação com outros métodos de pré-autenticação, uma vez que o protocolo de autenticação em si não é computacionalmente mais eficiente do que quando se utilizam métodos de autenticação baseados em chaves partilhadas.

No entanto, tal como explicado no documento, o método de autenticação baseado na chave pública pode ser facilmente utilizado para além das fronteiras dos operadores de rede.

Notas. Nas restantes publicações desta dissertação, a criptografia de chave pública não é considerada como uma possibilidade para a gestão de chaves em redes móveis, uma vez que é considerada demasiado intensiva em termos computacionais e desnecessariamente complexa para gerar chaves de sessão em cada transferência. Para a autenticação, as chaves públicas podem ser consideradas, por exemplo, no TLS [32], mas, para transferências em tempo crítico, efetuar operações de chave pública em cada transferência não é computacionalmente suficientemente eficiente em comparação com a criptografia de chave simétrica, mesmo com pré-autenticação. No entanto, com hardware especializado, a criptografia de chave pública pode tornar-se uma opção viável para transferências numa perspetiva de velocidade de processamento [55].

3.1.2 Contexto de chave de sessão protegida para gestão distribuída de chaves de sessão

Resumo e contribuições. Este documento descreve um novo protocolo de gestão de chaves flexível e escalável denominado Session Keys Context (SKC) para redes móveis sem fios. Compara em pormenor o SKC com três mecanismos de gestão de chaves existentes, ou seja, pedido de chaves, pré-distribuição de chaves e pré-autenticação. Além disso, o documento apresenta resultados de simulação simples para os mecanismos de pedido de chaves e SKC. O SKC requer associações de segurança entre os APs e o KD. Para cada MN, o KD cria então chaves de sessão específicas para cada AP, que são utilizadas com cada AP para o qual o MN muda. O KD utiliza as informações sobre a topologia da rede para criar várias chaves de sessão específicas para cada PA, encripta-as separadamente para cada PA e envia todas as chaves para o PA de serviço. O AP de serviço encontra então a sua própria chave de sessão encriptada, desencripta-a e utiliza-a para criar outras chaves de proteção do tráfego com o MN (por exemplo, com um aperto de mão de 4 vias para garantir que as chaves estão actualizadas). A SKC contém várias chaves, uma para cada AP na área. Durante o handoff, o AP de origem envia a entrada SKC específica do AP de destino, juntamente com todas as outras entradas SKC, para o AP de destino. O AP de destino pode então decifrar a chave de sessão específica do AP e utilizá-la com o MN. O MN tem uma chave mestra que utiliza juntamente com a identidade do AP para derivar a chave de sessão específica do AP. O documento também descreve uma nova forma de alargar o SKC para incluir chaves de proteção AP-a-AP específicas do MN. O AP de serviço pode também redistribuir as chaves aos APs vizinhos.

Arte relacionada. Existem vários métodos de gestão de chaves para redes móveis. O mais simples é o pedido de chave, em que cada AP pede uma chave de sessão ao KD durante o handoff. Este método é mais adequado para os casos em que a sinalização vai para o KD em cada transferência, como os APs WLAN e os comutadores WLAN. A descrição efectiva dos mecanismos de gestão de chaves é apresentada na introdução, uma vez que constitui o cerne da tese. Uma visão geral de alguns dos desafios e questões para os sistemas da próxima geração, como o LTE, é discutida em (2006) [102].

A extensão SKC para proteger a sinalização AP-to-AP com chaves específicas do MN é semelhante ao protocolo Kerberos, que fornece bilhetes que podem ser utilizados para desencriptar o conteúdo. A SKC tem, portanto, semelhanças com o Kerberos, na medida em que contém chaves seladas que só podem ser abertas por determinados destinatários. No entanto, a forma como as chaves de sessão são utilizadas, derivadas e combinadas no SKC é nova, assim como a estrutura e aplicação do SKC para redes móveis.

Discussão e avaliação. O MN obtém a chave de sessão específica do AP durante o handoff, mas o KD já obteve as chaves de sessão específicas do AP e enviou-as para os APs na SKC. Desta forma, o protocolo SKC pode ser descrito como uma troca de chaves parcial e distribuída.

O requisito de ter chaves de sessão separadas específicas do AP nem sempre é bem justificado. Trata-se de uma recomendação do quadro de gestão de chaves AAA [45] e, como princípio de conceção de segurança, é muito boa. Esta separação de chaves pode ser classificada como separação de chaves direta e inversa. Por separação de chaves para a frente, entende-se que o AP de serviço não consegue obter a chave de sessão do MN para o AP de destino. Do mesmo modo, a separação de chaves para trás significa que o PA de serviço não consegue obter a chave de sessão do MN para o PA anterior (assumindo que o PA de serviço atual não é o primeiro PA ao qual o MN está ligado na rede). Ter chaves de sessão separadas em cada PA para todos os MNs segue o princípio de minimizar o âmbito da chave de sessão. Assim, se a chave de sessão num PA for comprometida, o âmbito do ataque é minimizado (dentro do âmbito do PA).

Os resultados da simulação do SKC e do Key-Request não são muito interessantes. A configuração da simulação é bastante simples e a comparação centra-se principalmente no tamanho do material de chave transmitido entre os AP e o protocolo de transferência. O tamanho do SKC também não é muito crítico quando são utilizadas ligações de backhaul de alta velocidade. O planeamento da ligação sem fios é apresentado na simulação sob a forma de passos nos diagramas.

A SKC é flexível no sentido em que pode ser reduzida a um esquema de pedido de chaves se o KD enviar apenas uma chave de sessão ao PA, nomeadamente a chave de sessão que é utilizada com o PA atualmente em funcionamento. Desta forma, o SKC contém apenas uma entrada. Se o KD aumentar o número de entradas na SKC, esta requer mais espaço de memória no PA, mas também mais PAs que são registados na SKC. Se o KD tiver selecionado os PA para a SKC de forma sensata, por exemplo, com base nos padrões de mobilidade dos utilizadores, não será necessário solicitar novas entradas da SKC ao KD durante muito tempo. Desta forma, o KD pode servir mais APs na área. Além disso, os requisitos de sinalização em tempo real para o KD são reduzidos, uma vez que as entradas SKC podem ser actualizadas antes das transferências efectivas (actualizações SKC preditivas). O documento não aborda a questão dos padrões de mobilidade e, por conseguinte, as formas optimizadas de selecionar APs para SKC. Esta questão poderia ser investigada com mais pormenor. A SKC pode ser utilizada para equilibrar dinamicamente o consumo de memória, a carga de sinalização em tempo real e a carga de sinalização geral. Quanto maior for o SKC, mais memória é consumida e menos sinalização é feita com o KD.

Quando o MN se desloca entre dois PA, a mesma chave de sessão é utilizada para derivar as chaves de proteção do tráfego (por exemplo, chaves de integridade e de cifragem e, opcionalmente, mesmo separadamente para a sinalização e o tráfego de dados). Isto significa que são derivadas as mesmas chaves de proteção do tráfego, a menos que a etapa de derivação da chave inclua alguns parâmetros aleatórios. Estes parâmetros podem ser, por exemplo, uma identidade aleatória da camada de ligação ou nonces trocados entre o MN e o AP. Apenas os nonces são mencionados no documento.

Este trabalho é um dos principais resultados desta dissertação. É a pedra angular do objetivo de conseguir uma gestão de chaves mais escalável e distribuída para redes móveis. O SKC é também um componente-chave na Publicação VI, que descreve a arquitetura AAA distribuída. O mecanismo SKC para derivar chaves simétricas é baseado na identidade. Esta vinculação de identidade é discutida com mais pormenor na Publicação V, que apresenta um novo protocolo de autenticação e geração de chaves com vinculação implícita de ID de emissor e recetor.

3.1.3 Melhorar a segurança e a proteção dos dados na interface rádio 3GPP E-UTRAN

Resumo e contributos. Este documento enumera novas ameaças à segurança do rádio LTE, incluindo vários ataques de localização de utilizadores baseados em mensagens de sinalização e um ataque de roubo de serviço ativo baseado em falsas mensagens de estado da memória intermédia. O documento propõe soluções para os vários problemas, a fim de mitigar as ameaças de segurança identificadas para o rádio LTE. O autor foi o editor e principal colaborador desta publicação. O autor concentrou-se nas questões de segurança e nas medidas de atenuação e trabalhou com outros co-autores para encontrar as soluções exactas.

Tópicos relacionados. A proteção da privacidade do utilizador no local é um tema importante e muito debatido (ver, por exemplo, Schilit et al. (2003) [105]. Por outro lado, os serviços baseados na localização estão a ser utilizados cada vez mais frequentemente e constituem um elemento central das aplicações e serviços móveis. Se a localização do utilizador tiver sido identificada ou atribuída a um identificador de dispositivo, a localização do utilizador ou do dispositivo torna-se um problema. Gruteser e Grunwald (2005) [40] melhoram a proteção da localização propondo a utilização de identificadores descartáveis da camada de ligação em WLAN que utilizam identidades estáticas da camada de ligação. Huang L. et al. (2005) [46] propõem melhorar a confidencialidade da localização sem fios utilizando um período de silêncio. Isto significa que a estação utiliza um período de silêncio aleatório antes de retomar a comunicação quando muda para uma nova identidade da camada de ligação. Caso contrário, o atacante é capaz de correlacionar a antiga e a nova identidade da camada de ligação da mesma estação.

Discussão e avaliação. Existem muitas publicações sobre o tema da proteção de dados, mas estão fora do âmbito desta dissertação. Os aspectos de rastreio do utilizador e de proteção dos dados de localização das camadas de ligação rádio estão fora do âmbito desta dissertação, mas a análise de segurança do rádio LTE neste documento faz parte do trabalho de segurança para LTE que o autor realizou para a comunidade. As medidas de mitigação de ameaças descritas na tese utilizam a derivação de chaves para criar fichas de acesso único para a sinalização da camada de ligação que não está protegida pelas chaves de proteção da sinalização. A proposta de derivação de tokens faz parte da gestão de chaves e, por conseguinte, também é relevante para esta tese.

O documento mostra também que a segurança não é perfeita e que as medidas de segurança, como os mecanismos de gestão de chaves para as redes móveis, não cobrem todas as ameaças à segurança. A LTE utiliza identidades atribuídas à rede na camada de ligação, ao contrário do 802.11, por exemplo, que utiliza identidades de estação estáticas na camada de ligação. No entanto, é difícil impedir o rastreio de utilizadores com base em mensagens de sinalização. Neste documento, mostramos que o rastreio de utilizadores com base na análise das mensagens de sinalização é teoricamente possível de muitas formas. Trabalhos afins mostram que mesmo a impressão digital de transmissores de rádio pode ser utilizada para identificar dispositivos [114]. Algumas destas ameaças podem ser atenuadas, mas a complexidade adicional e o tempo necessário para a especificação e implementação das soluções de atenuação podem não valer a pena.

Em geral, os ataques activos podem ser difíceis de defender e deve ser encontrado um equilíbrio entre a medida de segurança e o custo de um ataque bem sucedido. Neste caso, uma identidade de ligação rádio que muda com cada transferência e a correspondente política de mapeamento da rede parece ser uma medida de segurança suficiente contra o rastreio do utilizador ou do dispositivo. O atacante tem de mapear a ligação para o ID do utilizador antes de o rastreio poder ter lugar. Para permitir o rastreio do utilizador com base nas mensagens de sinalização, o atacante tem de estar nas proximidades da ligação de rádio e, por conseguinte, também pode rastrear o utilizador com base no contacto visual.

3.1.4 Gestão da chave LTE em comparação com o contexto da chave de sessão

Resumo e contributos. Este documento descreve e analisa a arquitetura de segurança LTE e a gestão de chaves. No momento da redação, não havia outras publicações que descrevessem a arquitetura de segurança LTE com este nível de pormenor. O documento compara e quantifica a gestão de chaves LTE com o contexto das chaves de sessão (ver publicação II). O documento também discute algumas alternativas de implementação para a gestão de chaves LTE que mantêm a conformidade com a especificação da interface LTE over-the-air. Este parece ser também o primeiro documento a discutir as alternativas de implementação.

Artigos relacionados. Ainda não existem muitas publicações sobre a segurança LTE, uma vez que as especificações não estão em vigor há muito tempo. Esta é uma das razões pelas quais o presente documento aborda a arquitetura de segurança LTE a um nível mais pormenorizado. Prasad et al. (2007) [101] descrevem a gestão de chaves e a mobilidade da LTE a um nível elevado nas fases iniciais e defendem sobretudo soluções provenientes da IETF.

Discussão e avaliação. Este documento combina o mecanismo de gestão de chaves SKC recentemente desenvolvido pelo autor (ver publicação II) e o mecanismo de gestão de chaves LTE normalizado pelo autor. O artigo compara-os e quantifica os resultados. Esta publicação é a última da presente dissertação.

O documento analisa a gestão de chaves LTE e a SKC em conjunto, contrastando assim a contribuição do autor com a norma móvel atual. Afirmamos que a gestão de chaves de sessão seria mais simples do que a atual gestão de chaves LTE. Afirmamos também que o contexto da chave de sessão proporciona uma maior segurança global do que a gestão de chaves LTE. Os handoffs X2 na LTE não fornecem separação de chaves de encaminhamento até dois saltos, enquanto a SKC fornece isso em todos os cenários de handoff. Também acreditamos que a SKC seria mais adequada para diferentes implantações de rede e opções de implantação, pois pode ser facilmente reduzida a um simples mecanismo de solicitação de chaves. No entanto, também reconhecemos que a SKC aumenta a complexidade do KD e coloca requisitos adicionais nas ligações de segurança entre o KD e os APs.

3.2 Protocolo de estabelecimento de chaves simétricas com autenticação implícita

3.2.1 Casos de utilização de autenticação implícita e estabelecimento de chaves com vinculação de ID do remetente e do destinatário

Resumo e contributos. Este documento analisa a criptografia assimétrica baseada na identidade e aplica-a a chaves simétricas. É descrito um novo protocolo de geração de chaves que permite a autenticação implícita com base na identificação do remetente, do destinatário ou numa combinação de identificação do remetente e do destinatário. O documento apresenta também novos casos de utilização do protocolo, por exemplo, a criação de chaves para clientes do servidor de operações e gestão a partir de uma chave de raiz e da identidade do cliente, bem como a autenticação parcial a nível dos pacotes IP utilizando o sistema de nomes de domínio (DNS) [80, 81].

Arte relacionada. O protocolo Diffie-Hellman (1976) [33] pode ser considerado como o primeiro protocolo de estabelecimento de chaves baseado em criptografia de chave pública. No entanto, não fornece autenticação. Os protocolos que combinam a autenticação e o estabelecimento de chaves são designados por estabelecimento de chaves autenticadas (AK) (2005) [34]. A criptografia baseada na identidade (IBC) [107] baseia-se na ideia básica de que algumas informações únicas sobre o utilizador são utilizadas como chave pública (por exemplo, o endereço de correio eletrónico como uma cadeia de caracteres). Há várias utilizações para a IBC, como a cifragem baseada em ID, a assinatura e as aplicações de troca de chaves [22, 15, 20]. Nos sistemas baseados na IBC, cada participante precisa de conhecer alguns parâmetros públicos nos quais se baseiam as chaves.

A ligação de parâmetros às funções de derivação de chaves é um elemento fundamental nos protocolos de geração de chaves. Ao vincular parâmetros adicionais à derivação de chaves simétricas, consegue-se, por exemplo, a vinculação de canais (ver, por exemplo, [9]) e restringe-se a gama de utilizações possíveis das chaves. Asokan et al. (2003) [14] descrevem ataques do tipo "man-in-the-middle" a protocolos de autenticação em túnel, como a autenticação HTTP [37] num túnel TLS [32]. O problema fundamental é que o protocolo de autenticação executado dentro do túnel TLS não está vinculado às chaves utilizadas no túnel TLS. Por outras palavras, as duas autenticações não estão ligadas uma à outra nos pontos de extremidade. Uma solução para este problema consiste em exigir que o protocolo de autenticação interior utilize a vinculação de canal e vincule as chaves em ambos os pontos finais ao túnel seguro exterior ou volte a encriptar o túnel exterior com base nos resultados dos métodos de autenticação interior em ambos os pontos finais.

Shih-I-Huang (2003) [47, 48] apresenta uma derivação de chave simples baseada nas identidades dos nós para reduzir o número de chaves que precisam de ser armazenadas em sensores para grandes redes de sensores. A ideia básica é que um nó deriva uma chave a partir da identidade de um nó alvo e da chave que ele possui. Desta forma, o sensor não precisa de armazenar a chave do nó de destino. Chan e Perrig descrevem um protocolo de geração de chaves para redes de sensores designado PIKE (2005) [24]. Este protocolo reduz para metade o número de chaves a armazenar na rede de sensores, utilizando o método de derivação de chaves de Huang.

Discussão e avaliação. Uma chave pública pode ser facilmente utilizada para iniciar uma comunicação autenticada e cifrada com outra parte que possua a chave secreta correspondente (ver, por exemplo, PGP [120, 38]). No entanto, o iniciador da comunicação deve verificar se a chave pública pertence ao destinatário. Para este efeito, é necessário um terceiro de confiança, por exemplo, uma autoridade de certificação (CA) que tenha assinado a chave pública do destinatário. No IBC, a identidade do destinatário é utilizada como chave pública e é necessário um terceiro de confiança para obter os parâmetros públicos correctos de todo o sistema para gerar a chave pública. O protocolo de vinculação de ID de remetente e destinatário descrito na Publicação V requer um terceiro de confiança para cada execução do protocolo de geração de chave autenticada. Do mesmo modo, também funciona como o IBC, no sentido em que o remetente só precisa de conhecer a identidade do destinatário antes de iniciar a comunicação implicitamente autenticada e cifrada.

O protocolo descrito na Publicação V não oferece proteção contra ataques de repetição, uma vez que não existem parâmetros de frescura que se alterem durante as sucessivas execuções do protocolo. Mas isto também é semelhante às chaves públicas. A encriptação de uma mensagem com a chave pública de um destinatário e o envio da mensagem para o destinatário podem ser reproduzidos. Para a configuração efectiva da sessão e a proteção dos dados, o protocolo deve ser alargado na Publicação V para suportar a negociação de chaves de sessão, por exemplo, com nonces trocados. Este é um tema de investigação futura.

Os casos de utilização descritos na publicação V são muito gerais e requerem muito mais trabalho para a sua aplicação efectiva e validação. Esta questão será adiada para estudos posteriores.

Este documento contribui para o problema geral mostrando como a ligação de identidade pode ser utilizada eficazmente para derivar chaves a nível local. Trata-se de uma generalização das ideias sobre a derivação de chaves e a gestão de chaves de sessão no contexto da Publicação II, tornando assim as contribuições mais utilizáveis. As duas ideias principais são a ligação de identidade e o fornecimento de chaves para diferentes partes de diferentes partes da hierarquia de chaves, especialmente para as partes em comunicação. Desta forma, um dos pares tem de efetuar mais derivações de chaves do que o outro par para chegar ao mesmo nível e às mesmas folhas na hierarquia de chaves.

3.3   Arquitetura AAA descentralizada

3.3.1 AAA distribuído seguro com reputação de domínio e utilizador

Resumo e contribuições. Este documento investiga a distribuição de um sistema AAA para as extremidades da rede sem violar os requisitos dos sistemas AAA [8]. O documento divide o espaço problemático do AAA descentralizado e trata estes problemas separadamente. Em seguida, enumera quatro blocos de construção que são utilizados para a distribuição do sistema AAA. (1) A segurança baseada em hardware (por exemplo, utilizando o Trusted Platform Module [54] ou o Mobile Trusted Module [112, 35] do Trusted Computing Group, o ARM TrustZone [10, 13], o TI M-Shield [17]) é utilizada para efeitos de autenticação e validação da integridade, e os mecanismos de reputação são utilizados para decisões de autorização de pormenor para a utilização dos recursos da rede. O sistema baseia-se em (2) dois tipos de certificados, específicos do domínio e específicos do AP. O sistema também requer (3) servidores de backup AAA e os seus procedimentos de descoberta e atribuição. Finalmente, o documento propõe a utilização de uma (4) rede sobreposta entre os APs para armazenar os perfis dos utilizadores. O documento descreve ainda quatro modelos de como os certificados podem ser utilizados para controlar o sistema.

Arte relacionada. No momento da redação deste artigo, o autor não encontrou qualquer outro trabalho que tenha abordado o problema da distribuição do AAA desta forma, ou seja, distribuindo efetivamente a funcionalidade do servidor AAA pelas extremidades da rede.

As redes móveis, como o GSM e o UMTS, transmitem vectores de autenticação [4] à rede visitada para que esta possa autenticar o utilizador. Isto também é conhecido como autenticação delegada. O procedimento de autenticação é assim distribuído da rede doméstica para a rede visitada, e a sinalização para a rede doméstica não ocorre na parte crítica do procedimento de autenticação durante o procedimento de autenticação. A rede doméstica deve confiar na rede visitada antes de enviar os vectores de autenticação. Até à LTE [67, 5, 44], o MN não era capaz de autenticar a rede visitada porque o vetor de autenticação no GSM e no UMTS não está ligado à identidade da rede visitada como na LTE.

Liang e Wang descrevem um esquema de controlo AAA localizado (2004) [68], que permite que a rede visitada crie uma conta local para o MN e a utilize para posterior autenticação para aliviar o servidor AAA real. Não se trata de uma autenticação delegada, uma vez que a rede visitada se torna como uma segunda rede doméstica para o utilizador. Do ponto de vista da rede doméstica, esta perde a capacidade de controlar o número de autenticações do utilizador. Além disso, a rede visitada torna-se uma rede doméstica secundária para o MN, o que significa que o MN precisa de saber quando utilizar a rede visitada como rede doméstica secundária. Este facto aumenta a complexidade e altera os modelos de confiança entre a rede visitada e a rede doméstica.

Um dos problemas dos procedimentos de autenticação localizados e delegados é que a sessão de autenticação não ocorre continuamente entre o cliente e o servidor AAA no país de origem e a rede de origem não sabe automaticamente onde o utilizador está localizado e quando está registado na rede. No entanto, a acessibilidade do utilizador deve ser garantida. Com GSM/UMTS/LTE, a rede visitada informa a rede doméstica da localização do utilizador. No esquema de controlo AAA localizado de Liang e Wang, é necessário fazer algo semelhante. No documento, a arquitetura AAA distribuída é sempre de extremo a extremo, o que significa que não há problema de acessibilidade para o servidor AAA doméstico, uma vez que este sabe sempre onde se encontra o MN.

Chang et al (2007) [25] descrevem um sistema com IP móvel que utiliza a partilha de chaves de sessão entre servidores AAA locais denominados AAAF. As redes de acesso têm vários AAAF que partilham entre si a chave específica do MN quando este se desloca. Isto é semelhante às redes celulares como GSM e UMTS, em que o SGSN passa as chaves de cifra e de integridade para o SGSN seguinte quando o MN se desloca.

Zrelli e Shinoda descrevem um método (2006) [121] com o qual o Kerberos pode ser alargado para suportar múltiplos domínios administrativos. Este método é semelhante ao mecanismo de autenticação delegada, em que a rede doméstica envia a chave que o MN possui para a rede visitada, com a diferença de que o MN recebe a chave de sessão da rede doméstica, que é encriptada com a chave específica do MN quando é utilizado o Kerberos.

Ngai e Lyu propuseram a distribuição de autoridades de certificação (CA) (2006) [87] para redes ad hoc sem fios num sistema em que são utilizadas chaves públicas para autenticar os nós. Também têm o conceito de reputação da AC, semelhante à nossa reputação de domínio. O seu documento também abrange a área da distribuição de CA.

Durante a preparação da Publicação VI, não encontrámos o seguinte artigo de Hecker et al. (2005) [41]. Estes autores propõem a utilização de uma rede P2P para armazenar os dados de gestão de um sistema AP WLAN. O seu sistema COMPASS (Configuration

Management P2P-based Access Security System) não necessita de uma entidade AAA centralizada. É necessário que o AP tenha um certificado assinado e um endereço de arranque para a rede sobreposta. Utiliza um algoritmo P2P Secure CAN (S-CAN) [42] com um método de ordenação de marcos para armazenar dados perto dos AP com os quais os dados são utilizados. Os pontos de acesso WLAN podem identificar os seus vizinhos e obter as correspondentes identidades da camada de ligação, que são depois utilizadas para inserir os pontos de acesso próximos uns dos outros na rede CAN. Deste modo, os AP vizinhos ajudam-se mutuamente no armazenamento de dados, uma vez que se tornam vizinhos sobrepostos, e a recuperação de dados torna-se mais eficiente.

Hecker et al. descrevem um sistema que tem essencialmente as mesmas ideias que o nosso trabalho, ou seja, AAA distribuído e armazenamento seguro de dados para a rede sobreposta. Este facto é encorajador, pois há outras pessoas que pensaram no mesmo domínio problemático. Hecker et al. não descrevem a autenticação para os MN, nem a forma como a mobilidade em geral é resolvida, nem os múltiplos domínios autónomos, como nós fazemos. Referem-se a um documento que descreve o S-CAN de H.-J. Hof et al. (2004) [42] como um elemento de segurança. O S-CAN parece ser um bloco de construção útil sobre o qual as nossas ideias também podem ser construídas. Por exemplo, para encontrar os servidores AAA escravos candidatos perto do servidor AAA mestre e utilizar o armazenamento seguro do S-CAN. No entanto, os pormenores necessitam de mais investigação, tal como a análise de segurança e a adequação da proposta de H.-J. Hof et al.

Tchepnda et al. (2008)[113] descrevem um protocolo de autenticação multi-hop e de entrega de credenciais no nível 2 para redes veiculares baseado no protocolo de autenticação EAP e na infraestrutura de chaves públicas. Não têm em conta a distribuição do servidor AAA, embora o seu protocolo exija muitas viagens de ida e volta e operações de chave pública entre o cliente e o servidor AAA. No entanto, reconheceram a necessidade de distribuir a funcionalidade de segurança e consideram-na como trabalho futuro.

É igualmente digno de menção o trabalho de Helayos no contexto das redes sem fios autónomas (2005) [117] e, em especial, os métodos de criação de grandes implantações WiFi que interoperam sobre IP (2008) [118].

Discussão e avaliação. Existem muitas redes WiFi à escala da cidade e empresas que fornecem infra-estruturas para criar cobertura WiFi. Estas redes baseadas na comunidade, como a FON [116] e a SparkNet [84], podem beneficiar dos resultados deste trabalho para reduzir o custo dos servidores ou gateways de autenticação. A FON está atualmente a preparar a integração de estações base GSM femto nos routers FON para acesso sem fios. O router FON já pode acomodar discos rígidos externos e outros periféricos USB e atuar como um cliente de serviço em relação à Internet (por exemplo, download e upload), permitindo ao utilizador ligar outros computadores em casa. Acreditamos que a direção que tomámos no nosso artigo ainda é válida e interessante e que a comunidade FON partilha ideias semelhantes. Por exemplo, a Alcatel-Lucent desenvolveu um router de acesso UMTS que integra vários elementos de rede móvel numa caixa (2007 - 2009) [19, 21].

O documento aborda o problema da distribuição AAA de uma forma construtiva e mostra por que razão a arquitetura AAA distribuída descrita no documento cumpre os requisitos de um sistema AAA. Os modelos de certificados para proteger a integridade dos dispositivos e autenticar os domínios são igualmente válidos. Atualmente, os fabricantes utilizam a Internet para atualizar o software dos sistemas operativos e das aplicações. O certificado de dispositivo específico do fabricante não é, portanto, uma ideia nova. O que é novo, no entanto, são os certificados de servidor AAA master e slave e os seus modelos de criação ou implementação.

O tratamento dos perfis dos utilizadores e dos modelos de reputação é descrito a nível de ideias e constitui, por isso, uma contribuição pouco significativa para este documento. Não existe qualquer validação ou informação de base sobre se este tipo de modelo de reputação pode efetivamente funcionar na prática.

Este documento trata da parte de distribuição da declaração do problema desta dissertação. A arquitetura AAA está distribuída pelos AP, mas cada domínio continua a ter um servidor AAA principal e um ou mais servidores AAA de reserva. O DNS [71] é utilizado para resolver os endereços dos servidores AAA de reserva e mestre, servindo assim de ponto de entrada no sistema AAA. O novo esquema de gestão de chaves descrito na publicação II pode ser utilizado com este esquema AAA distribuído para evitar sobrecarregar os servidores AAA principais ou de reserva, permitindo assim a sua implantação em nós de rede periféricos mais lentos e menos potentes, como os AP (ou encaminhadores de acesso sem fios).

Do ponto de vista desta dissertação, alargar o âmbito da AAA distribuída a redes de sensores e veiculares teria produzido mais obras de arte relacionadas para investigar. O problema é que tanto as redes veiculares como as redes de sensores têm características diferentes, por exemplo, dos APs não móveis e sempre activos. No entanto, existem algumas sinergias no domínio da autenticação e do acordo de chaves. Por outro lado, o âmbito desta dissertação não abrange as redes de sensores ou as redes ad hoc.

O trabalho futuro consiste em encontrar ou criar protocolos adequados para encontrar e atribuir servidores escravos AAA e depois registá-los automaticamente no DNS. Neste caso, o artigo de Hecker et al. é um bom ponto de partida, ou seja, utilizar as propriedades da rede sobreposta para encontrar vizinhos próximos.

Capítulo 4 Discussão

Situação atual. Há muitos anos que existem muitos trabalhos e esforços de normalização no domínio da gestão de chaves para a transferência rápida, mas apenas alguns trabalhos estão relacionados com a distribuição de KD e AAA para redes móveis (ou seja, não para redes de sensores). Muitos trabalhos concentram-se em melhorar uma coisa, por exemplo, a eficiência da transferência, mas ao mesmo tempo não consideram a escalabilidade do KD ou a eficiência da sinalização. Alguns trabalhos propõem combinações muito complexas de diferentes mecanismos, mas não conseguem simplificar a solução global. Em muitos casos, as propostas e combinações complexas resultam do facto de um sistema existente não poder ser alterado, mas sim remendado com um impacto mínimo na norma (por exemplo, 802.11). É importante conhecer os requisitos e os possíveis casos de utilização de uma norma de protocolo e arquitetura quando esta está a ser desenvolvida. Também acreditamos que é importante conceber protocolos extensíveis, mas, ao mesmo tempo, também devem ser possíveis implementações eficientes baseadas em hardware. Do ponto de vista da normalização, é difícil encontrar a melhor solução global, uma vez que existem várias partes e interesses diferentes.

Publicações da dissertação. As publicações desta dissertação formam uma combinação, mas também fornecem vários novos resultados de investigação e tópicos para estudos futuros. A publicação I não é muito significativa na dissertação como um todo, mas constitui uma boa base para a investigação. Os artigos mais importantes desta dissertação são as Publicações II, V e VI, que constituem as principais contribuições desta dissertação. A publicação II descreve o novo mecanismo de gestão de chaves SKC e fornece uma comparação abrangente com os outros três principais mecanismos de gestão de chaves (pedido de chaves, pré-distribuição e pré-autenticação). A publicação V leva as ideias do SKC a um nível mais geral e descreve um novo protocolo de acordo de chaves baseado na identidade de chaves simétricas. Contém também alguns casos de utilização interessantes para estudo e avaliação futuros. A publicação VI descreve a distribuição AAA e tira partido do SKC como um mecanismo adequado de gestão de chaves distribuídas para redes móveis. Isto alarga ainda mais a usabilidade do SKC e demonstra o seu potencial com AAA distribuído. As duas últimas publicações, III e IV, tratam da investigação sobre a segurança do LTE, que foi uma das principais tarefas do autor durante a realização desta dissertação. A publicação III descreve os pontos fracos da segurança em LTE e apresenta resultados relacionados com a gestão de chaves. A última publicação conclui a dissertação, mostrando as diferenças entre a gestão de chaves SKC e LTE. O trabalho não se sobrepõe.

Principais conclusões. O SKC é um novo mecanismo de gestão de chaves que melhor suporta sistemas AAA distribuídos entre os vários outros mecanismos de gestão de chaves. É também o melhor mecanismo para reduzir a carga de sinalização do KD e tornar o sistema independente do atraso da ligação AP-KD.

O SKC é uma contribuição importante para a gestão de chaves móveis com transferências rápidas quando são necessárias chaves separadas para os APs. Apoia a investigação sobre sistemas distribuídos e arquitecturas de rede mais rentáveis. O SKC é um dos pré-requisitos mais importantes para as arquitecturas mais planas, uma vez que elimina a carga de sinalização do KD e, sobretudo, a dependência entre o AP e o KD durante a transferência em tempo real.

A criação de uma área de mobilidade específica do assinante e de acesso controlado com SKC (cobertura AP) é uma nova ideia para a autorização de mobilidade e pode ser utilizada para criar novos modelos de tarifação baseados não no tráfego, mas na localização e na área de acesso. A utilização da SKC com padrões de mobilidade e a incorporação de informações sobre a topologia da rede na SKC é uma novidade. Acrescentar informações de faturação, etc., à estrutura SKC também é novo, mas os pormenores precisam de ser mais explorados, bem como a forma como este mecanismo pode utilizar as redes sobrepostas como armazenamento.

O protocolo de ligação de identificação do recetor e do emissor com chaves simétricas é novo e tem uma analogia com a criptografia baseada na identidade. Trata-se igualmente de uma generalização do protocolo de ligação de identidade, que também é utilizado pela SKC. Os casos de utilização do nosso protocolo são também novos e interessantes e podem ser utilizados em redes móveis. Por exemplo, na SKC, o KD poderia usar este protocolo para criar chaves para selar as chaves de sessão do MN específico do AP na SKC. No entanto, o protocolo em si não impede ataques de repetição, uma vez que não tem estado e imita a possibilidade de criptografia de chave assimétrica, em que o remetente pode utilizar a chave pública do destinatário para enviar informações cifradas. A proteção contra a repetição deve ser considerada e analisada separadamente. Este é o objeto de estudos futuros.

Nosso artigo sobre AAA distribuído mostra que, com SKC, certificados e uma rede de segurança móvel baseada em hardware, o KD pode ser distribuído para os nós de borda (APs) que não têm conexões rápidas ou espessas com a Internet. O AAA distribuído é uma área de aplicação do SKC, mas os pormenores requerem mais investigação e validação. A nossa arquitetura AAA distribuída é também uma abordagem simples e inovadora, mas precisa de ser mais validada e analisada. Por exemplo, a seleção do AAA escravo não está bem descrita e analisada, mas partimos do princípio de que existem várias alternativas para o fazer, tendo em conta os algoritmos p2p. Este é outro tema de investigação.

A nossa análise e comparação quantitativa da gestão de chaves SKC e LTE é nova e sem precedentes. A discussão de diferentes alternativas de implementação para a segurança LTE também é nova, embora pensemos que muitos fornecedores o façam extensivamente a nível interno durante a normalização, a implementação e a implantação para diferentes clientes.

Aprendizagem. A SKC não foi incluída no LTE. Nem nenhuma das soluções propostas na publicação III, que enumera os pontos fracos da segurança na camada de ligação LTE. No entanto, numa fase muito tardia, os requisitos de gestão de chaves LTE foram alterados para os alinhar com a SKC, mas nessa altura o protocolo de gestão de chaves já estava especificado e não era possível desfazê-lo. A gestão de chaves LTE foi objeto de uma separação de chaves para a frente que a torna mais próxima do tipo de protocolo de pedido de chaves e muito mais dependente do atraso do AP KD em cada handoff do que anteriormente. Na LTE, o KD está integrado na Entidade de Gestão da Mobilidade (MME), que se encarrega das actualizações de localização dos APs, pelo que a dependência do atraso AP-KD não é tão crítica. No entanto, a funcionalidade KD aumenta a carga do MME e o consumo de memória e impede a implementação de procedimentos eficientes de atualização da mobilidade específicos para o turno da esquerda com várias estações de base, a menos que sejam utilizadas derivações de chaves horizontais menos seguras sem mudança de caminho (ou seja, actualizações de localização).

Pela primeira vez na história do 3GPP, os requisitos de implementação de segurança aplicam-se às estações de base LTE. Isto reflecte a tendência crescente para arquitecturas mais planas e implantações de AP em locais fisicamente inseguros (por exemplo, estações de base domésticas, *eNBs domésticos*). Isto também mostra que a nossa investigação está a ir na direção certa e está a dar um contributo importante para o futuro das redes móveis.

Opiniões e previsões. Como referimos na última publicação, a segurança da LTE é complexa e teria sido possível criar um sistema mais simples e mais eficiente com o SKC. Um pensamento revolucionário poderia deslocar o ónus da gestão das chaves para as extremidades da rede, separando a gestão das chaves e a sinalização da mobilidade. O KD, por outro lado, é transferido para a rede de base, onde é fisicamente mais seguro, e a mobilidade intra-sistema ocorre principalmente na camada de ligação [61].

As estações de base femto e domésticas, os gateways femto e os routers de acesso Wi-Fi podem beneficiar do facto de terem *algo a* ver com a capacidade extra (atualização do SKC, cálculo e otimização dos padrões de mobilidade). As áreas de investigação relevantes para as nossas contribuições incluem também a computação em nuvem e a virtualização, o Wi-Fi municipal/comunitário e o desenvolvimento de estações de base para utilização doméstica com requisitos de implementação de segurança. O sistema AAA distribuído pode ser visto como uma nuvem de servidores AAA que trabalham em conjunto para minimizar o impacto dos atrasos de ligação, falhas de servidor e problemas de acessibilidade. O nosso AAA distribuído é também uma contribuição direta para o desenvolvimento do Wi-Fi municipal e comunitário. O reforço da segurança nas estações de base com certificados e segurança baseada em hardware oferece novas possibilidades para sistemas colaborativos e distribuídos.

4.1 Resumo

Investigámos a forma como a gestão de chaves e a autenticação nas redes móveis afectam negativamente o desempenho da transferência, aumentam a sobrecarga de transferência em tempo crítico e acrescentam sobrecarga adicional ao sistema em termos de sinalização de troca de chaves, autenticação e distribuição de chaves. Ao mesmo tempo, queríamos melhorar a eficiência do subsistema de gestão de chaves, reduzindo a pressão de investimento sobre os elementos da rede de base. Conseguimos resolver estas questões com êxito.

O nosso novo mecanismo de gestão de chaves SKC suporta melhor os sistemas AAA distribuídos entre outros mecanismos de gestão de chaves. É o melhor mecanismo para reduzir a carga de sinalização do KD e tornar o sistema independente do atraso da ligação AP-KD. O SKC é uma contribuição importante para a gestão de chaves móveis com handovers rápidos

quando são necessárias chaves separadas para os pontos de acesso. Apoia a investigação de sistemas distribuídos e de arquitecturas de redes móveis mais rentáveis. Nossa nova vinculação de ID de recetor e emissor com chaves simétricas é um novo protocolo e mostra analogias com a criptografia baseada em identidade. É também uma generalização da ligação de identidade que a SKC utiliza. Os casos de utilização do nosso protocolo são também novos e interessantes e podem ser utilizados em redes móveis. O nosso documento sobre o AAA distribuído propõe uma nova arquitetura que utiliza SKC, certificados e segurança baseada em hardware para permitir que o KD da rede móvel seja distribuído pelos nós de extremidade (APs) que não dispõem de condutas rápidas ou espessas para a Internet. O AAA distribuído é uma área de aplicação da SKC, e os pormenores exigem mais investigação e validação. A nossa análise quantitativa e a comparação da gestão de chaves SKC e LTE são novas e sem precedentes. A discussão de diferentes alternativas de implementação para a segurança LTE também é nova, embora acreditemos que muitos fornecedores estejam a fazê-lo extensivamente a nível interno durante a normalização, a implementação e a implantação para diferentes clientes.

O SKC é uma contribuição para a gestão de chaves móveis com transferências rápidas no caso típico em que são necessárias chaves separadas para APs. Suporta sistemas distribuídos e arquitecturas de rede mais eficientes em termos de custos. O SKC é um dos principais facilitadores das arquitecturas mais planas, uma vez que liberta o KD da carga de sinalização e, mais importante ainda, elimina a dependência entre o AP e o KD na transferência em tempo real. O nosso novo protocolo de chave simétrica com ligação de identidade do emissor e do recetor é um mecanismo de otimização para a gestão de chaves em geral e suporta a gestão de chaves SKC para redes móveis.

Referências

[1] 3GPP. 2002. Segurança 3G; ameaças e requisitos de segurança. TS 21.133, Projeto de Parceria de 3ª Geração (3GPP). URL http://www.3gpp.org/ftp/Specs/html-info/21133.htm.

[2] 3GPP. 2007. Arquitetura geral UMTS. TS 23.101, Projeto de Parceria de 3ª Geração (3GPP).   URL   http://www.3gpp.org/ftp/Specs/html-info/23101.htm.

[3] 3GPP. 2007. Descrição geral da rede de acesso rádio GSM/EDGE (GERAN); Nível 2. TS 43.051, Projeto de Parceria de 3ª Geração (3GPP). URL http://www.3gpp.org/ftp/Specs/html-info/43051.htm.

[4] 3GPP. 2008. Segurança 3G; arquitetura de segurança. TS 33.102, Projeto de Parceria de 3ª Geração (3GPP). URL http://www.3gpp.org/ftp/Specs/html-info/33102.htm.

[5] 3GPP. 2008. Evolução da Arquitetura do Sistema 3GPP (SAE); Arquitetura de Segurança. TS 33.401, Projeto de Parceria de 3ª Geração (3GPP). URL http://www.3gpp.org/ftp/Specs/html-info/33401.htm.

[6] 3GPP. 2008. Evolução da Arquitetura do Sistema 3GPP (SAE); Aspectos de segurança do acesso não-3GPP. TS 33.402, Projeto de Parceria de 3ª Geração (3GPP). URL http://www.3gpp.org/ftp/Specs/html-info/33402.htm.

[7] 3GPP. 2008.   Justificação e rastreio das decisões de segurança em sistemas de comunicações de longa duração.
Term Evolution (LTE) RAN / 3GPP System Architecture Evolution (SAE). TR 33.821, Projeto de Parceria de 3ª Geração (3GPP). URL http://www.3gpp.org/ftp/Specs/html-info/33821.htm.

[8] B. Aboba, P. Calhoun, S. Glass, T. Hiller, P. McCann, H. Shi- ino, G. Zorn, G. Dommety, D.Mitton S.Manning M.Beadles P.Walsh X.Chen S.Sivalingham C.Perkins, B.Patil, S.Jacobs B.Lim B.Hirschman A.Hameed, M.Munson, R.Hsu, Y.Xu, E.Campell, S.Baba, e E.Jaques. 2000.   Criteria for Evaluating AAA Protocols for Network Access. Número 2989 em Request for Comments. IETF.   URL http://www.ietf.org/rfc/rfc2989.txt.

[9] B. Aboba, D. Simon e P. Eronen. 2008. quadro de gestão de chaves do protocolo de autenticação extensível (EAP). Número 5247 em Request for Comments. IETF. URL http://www.ietf.org/rfc/rfc5247.txt.

[10] T. Alves e D. Felton. 2004. TrustZone: Segurança integrada de hardware e software - Permitindo a computação fiável em sistemas incorporados. Relatório técnico. URL http://www.arm.com/pdfs/TZ_Whitepaper.pdf.

[11] Jeffrey G. Andrews, Arunabha Ghosh e Rias Muhamed. 2007, Fundamentals of WiMAX: Understanding Broadband Wireless Networking. Prentice Hall PTR, 1 edição. ISBN 0132225522.

[12] William A. Arbaugh. 2003. Extensão de handoff para RADIUS. Rascunho da Internet draft-irtf-aaaarch-handoff-04.txt, Internet Engineering Task Force. URL `http://www.watersprings.org/pub/id/draft-irtf-aaaarch-handoff- 04.txt`. Trabalho em andamento.

[13] ARM, Ltd.   Visão geral da tecnologia TrustZone. http://www.arm.com/products/esd/trustzone.home.html.URL http://www.arm.com/products/esd/trustzone_home.html.

[14] N. Asokan, Valtteri Niemi, e Kaisa Nyberg. 2003. man-in-the-middle in tunnelled authentication. In Proceedings of the 11th International Workshop on Security Protocols,   pages   15-24.   URL http://citeseerx.ist.psu.edu/viewdoc/summary?doi=10.1.1.5.5123.

[15] Giuseppe Ateniese e Breno de Medeiros. 2004. uma variante de assinatura Nyberg-Rueppel comprovadamente segura com aplicações. Relatório Técnico 2004/93, Cryptographic ePrint Archive.

[16] Tuomas Aura e Michael Roe. 2005. Reduzindo o atraso de reautenticação em redes sem fio. In: Proceedings of the First International Conference on Security and Privacy for Emerging Areas in Communications Networks, páginas 139-148. IEEE   Computer   Society.   ISBN   0-7695-2369-2.   URL http://portal.acm.org/citation.cfm?id=1128478.

[17] Jerome   Azema   e   Gilles   Fayad.   2008.   M-ShieldTM MobileSecurityTechnology :   makingwireless secure.Technicalreport   ,   TexasInstruments Incorporated.   URL http://focus.ti.com/pdfs/wtbu/ti_mshield_whitepaper.pdf.

[18] M. S. Bargh, R. J. Hulsebosch, E. H. Eertink, A. Prasad, H. Wang e P. Schoo. 2004. Métodos de autenticação rápida para handover entre LANs sem fio IEEE 802.11. In: Proceedings of the 2nd ACM international workshop on Wireless mobile applications and services on WLAN hotspots, pages 51-60. ACM, Philadelphia, PA,   USA.   ISBN   1-58113-877-6.   URL http://portal.acm.org/citation.cfm?id=1024733.1024741.

[19] Markus Bauer, Peter Bosch, Nidal Khrais, Louis G. Samuel e Peter Schefczik. 2007. O router da estação de base UMTS. Bell Labs Technical Journal, edição especial: Wireless Network Technology 11, n.º 4, páginas 93-111.

[20] Dan Boneh e Matthew K. Franklin. 2001. Encriptação baseada na identidade com o par Weil. In: Proceedings of the 21st Annual International Cryptology Conference on Advances in Cryptology, pages 213-229. Springer-Verlag. ISBN 3-540-42456-3. URL http://portal.acm.org/citation.cfm?id=646766.704155.

[21] Peter Bosch, Alec Brusilovsky, Rae McLellan, Sape Mullender e Paul Polakos. 2009. estações de base seguras. Bell Lab. Tech. J. 13, no. 4, páginas 227-243. URL http://portal.acm.org/citation.cfm?id=1527086.

[22] Billy Bob Brumley. 2006. Multiplicação escalar elíptica simultânea eficiente de três

termos com aplicações. In: Proceedings of the 11th Nordic Workshop on Secure IT Systems, NordSec'06, pages 105-116. Linkoping, Suécia.

[23] Claude Castelluccia. 2000. HMIPv6: Uma proposta de IPv6 móvel hierárquico. SIGMOBILE Mob. Comput. Commun. Rev. 4, no. 1, páginas 48-59. URL http://portal.acm.org/citation.cfm?id=360449.360474.

[24] Haowen Chan e A. Perrig. 2005. PIKE: Mediadores de pares para geração de chaves em redes de sensores. Em: INFOCOM 2005. 24ª Conferência Anual Conjunta das Sociedades de Computadores e Comunicações do IEEE. Proceedings IEEE, Volume 1, Páginas 524-535. ISBN 0743-166X.

[25] Lin-Huang Chang, Che-Lin Lo, Jui-Jen Lo, Wei-Ting Liu e Chou-Chen Yang. 2007. Gestão da mobilidade com arquitetura AAA distribuída. International Journal of Network Security 4, no. 3, páginas 241-247.

[26] Hung-Yu Chien, Tzu-Hang Hsu e Yuan-Liang Tang. 2008. Pré-autenticação rápida com sobrecarga minimizada e alta segurança para handoff de WLAN. W. Trans. on Comp. 7, no. 2, páginas 46-51. URL http://portal.acm.org/citation.cfm?id=1457917.

[27] T. Clancy, M. Nakhjiri, V. Narayanan e L. Dondeti. 2008. Declaração do problema de gestão de chaves de transferência e reautenticação. Número 5169 em Request for Comments. IETF. URL http://www.ietf.org/rfc/rfc5169.txt.

[28] Comité de Carreiras Académicas para Cientistas Experimentais de Computadores, Conselho Nacional de Investigação. 1994, Academic Careers for Experimental Computer Scientists and Engineers. ISBN 978-0-309-04931-3.

[29] Comité das Tecnologias da Informação e das Telecomunicações. 1992 Computing the Future. National Academy Press, Washington, D.C.

[30] C. de Laat, G. Gross, L. Gommans, J. Vollbrecht e D. Spence. 2000. Arquitetura AAA genérica. Número 2903 em Request for Comments. IETF. URL http://www.ietf.org/rfc/rfc2903.txt.

[31] T. Dierks e C. Allen. 1999. A versão do protocolo TLS 1.0. número 2246 no Request for Comments. IETF. URL http://www.ietf.org/rfc/rfc2246.txt. Obsoleto pelo RFC 4346, atualizado pelo RFC 3546.

[32] T. Dierks e E. Rescorla. 2008 The Transport Layer Security (TLS) Protocol Version 1.2. Número 5246 in the Request for Comments. IETF. URL http://www.ietf.org/rfc/rfc5246.txt.

[33] W. Diffie e M. Hellman. 1976. New directions in cryptography. Information Theory, IEEE Transactions on 22, no. 6, páginas 644-654.

[34] Ratna Dutta e Rana Barua. 2005. Visão geral dos protocolos de acordo de chaves. Relatório Técnico 2005/289, Cryptology ePrint Archive. URL http://eprint.iacr.org/2005/289.ps.

[35] Jan-Erik Ekberg e Markku Kylanpaa. 2007 Mobile Trusted Module (MTM) - uma introdução. Relatório técnico, Centro de Investigação da Nokia, http://research.nokia.com/files/NRCTR2007015.pdf.

[36] E. Fogelstroem, A. Jonsson, e C. Perkins. 2007. Registo regional do IPv4 móvel. Número 4857 em Request for Comments. IETF. URL http://www.ietf.org/rfc/rfc4857.txt.

[37] J. Franks, P. Hallam-Baker, J. Hostetler, P. Leach, A. Luotonen, E. Sink e L. Stewart. 1997. an extension to HTTP: Digest Access Authentication. Número 2069 em Request for Comments. IETF. URL http://www.ietf.org/rfc/rfc2069.txt. Obsoleto pela RFC 2617.

[38] Simson Garfinkel. 1995. PGP: Pretty Good Privacy. O'Reilly Media, Inc. ISBN 1565920988, 9781565920989.

[39] S. Glass, T. Hiller, S. Jacobs, e C. Perkins. 2000. Requisitos de autenticação, autorização e contabilidade do IP móvel. Número 2977 em Request for Comments. IETF. URL http://www.ietf.org/rfc/rfc2977.txt.

[40] Marco Gruteser e Dirk Grunwald. 2005. Melhoria da privacidade em LANs sem fios através de identificadores de interface unidireccionais: A Quantitative Analysis. Mobile Networks and Applications 10, no. 3, páginas 315-325. URL http://dx.doi.org/10.1007/s11036-005-6425-1.

[41] Artur Hecker, Erik-Oliver Blass, e Houda Labiod. 2005. COMPASS: Gestão descentralizada e controlo de acesso para WLANs. Em: Personal Wireless Communications PWC'05 - Proceedings of the 10th IFIP International Conference, páginas 197-204. Colmar, França. URL http://eproceedings.worldscinet.com/9781860947315/9781860947315_0022.html .

[42] Hans-Joachim Hof, Erik-Oliver Blass, Thomas Fuhrmann, e Martina Zit- terbart. 2004. Conceção de um diretório seguro de serviços distribuídos para redes de sensores sem fios. In: Wireless Sensor Networks, páginas 276-290. URL http://www.springerlink.com/content/mpar2cb1qptky4mh.

[43] Kihun Hong, Souhwan Jung e S. Wu. 2006. um esquema de autenticação baseado em cadeia de hash para transferência rápida em redes sem fio. In: Information Security Applications, páginas 96-107. URL http://dx.doi.org/10.1007/11604938_8.

[44] Gunther Horn, Dan Forsberg e Marc Blommaert. 2009 Tutorial 09: Segurança para o Sistema de Pacotes Evoluídos 3GPP - Um Sistema de Quarta Geração. Em:

IEEE Wireless Communications and Networking Conference, WCNC'09. Budapeste.

[45] R. Housley e B. Aboba. 2007. Guia para a gestão de chaves de autenticação, autorização e contabilidade (AAA). Número 4962 em Request for Comments. IETF. URL http://www.ietf.org/rfc/rfc4962.txt.

[46] Leping Huang, K. Matsuura, H. Yamane e K. Sezaki. 2005. Melhoria da proteção da privacidade para sítios sem fios utilizando o período de silêncio. In: Wireless Communications and Networking Conference, 2005 IEEE, Volume 2, Páginas 1187-1192 Vol. 2. ISBN 1525-3511.

[47] Shi-I Huang. 2003. Esquemas adaptativos de distribuição aleatória de chaves para redes de sensores sem fios. Em: Segurança informática no século XXI. Taipei, Taiwan.

[48] Shi-I Huang, Shiuhpyng Shieh, e S.Y. Wu. 2005. Esquemas de distribuição de chaves aleatórias adaptativas para redes de sensores sem fios. Springer US, Taipei, Taiwan. ISBN 978-0-387-24005-3 (Impressão) 978-0-387-24006-0 (Online), 91-105 páginas.

[49] IEEE. 2003. iEEE trial-use recommended practice for multi-vendor access point interoperability via an inter-access point protocol across distribution systems supporting ieee 802.11 operation.

[50] IEEE. 2004. IEEE 802.1X-2004 Norma IEEE para controlo de acesso a redes locais e metropolitanas com base em portas. IEEE.

[51] IEEE. 2004. Norma IEEE para redes locais e metropolitanas - Parte 16: Interface aérea para sistemas fixos de acesso sem fios em banda larga.

[52] IEEE. 2007. Norma IEEE para tecnologias da informação Telecomunicações e troca de informações entre sistemas Redes locais e metropolitanas Requisitos específicos Parte 11: Especificações do controlo de acesso médio (MAC) e da camada física (PHY) de LAN sem fios.

[53] Organização Internacional de Normalização (ISO). 1989 ISO 74982: 1989 Sistemas de processamento de informação - Interligação de sistemas abertos - Modelo de referência básico - Parte 2: Arquitetura de segurança. URL http://www.iso.org/iso/catalogue_detail.htm?csnumber=14256.

[54] Organização Internacional de Normalização (ISO). 2009. tecnologia da informação - Trusted Platform Module - Parte 1: Visão geral. URL http://www.iso.org/iso/catalogue_detail.htm?csnumber=50970.

[55] Kimmo Jarvinen, Juha Forsten e Jorma Skytta. 2007. Projeto FPGA de verificação de assinatura auto-certificada em curvas Koblitz. In: Proceedings of the 9th international workshop on Cryptographic Hardware and Embedded Systems, páginas 256-271. Springer-Verlag, Viena, Áustria. ISBN 978-3-54074734-5. URL http://portal.acm.org/citation.cfm?id=1421989.

[56] D. Johnson, C. Perkins, e J. Arkko. 2004. Suporte à mobilidade no IPv6. Número

3775 em Request for Comments. IETF. URL http://www.ietf.org/rfc/rfc3775.txt.

[57] HeeYoung Jung e SeokJoo Koh. 2004. Suporte de handover rápido em IPv6 móvel hierárquico. In: Advanced Communication Technology, 2004. The 6th International Conference on, Volume 2, Pages 551-554.

[58] Heikki Kaaranen. 2005. redes UMTS. John Wiley and Sons. ISBN 0470011033, 9780470011034.

[59] M. Kassab, J.M. Bonnin e K. Guillouard. 2007. Protegendo o handover rápido em WLANs: um esquema de autenticação proativa baseado em tickets. Em: Globecom Workshops, 2007 IEEE, páginas 1-6.

[60] Mohamed Kassab, Abdelfettah Belghith, Jean-Marie Bonnin e Sahbi Sassi. 2005. Pré-autenticação rápida baseada na distribuição proactiva de chaves para redes de infra-estruturas 802.11. In: Proceedings of the 1st ACM workshop on Wireless multimedia networking and performance modelling, pages 46-53. ACM, Montreal, Quebec, Canadá. ISBN 1-59593-183-X. URL http://portal.acm.org/citation.cfm?id=1089737.1089746.

[61] Mohamed Kassab, Safaa Hachana, Jean Marie Bonnin e Abdelfettah Belghith. 2008. Impacto da elevada mobilidade na eficiência da reautenticação rápida em WLAN. In: Proceedings of the 5th International ICST Conference on Heterogeneous Networking for Quality, Reliability, Security and Robustness, pages 1-6. ICST (Institute of Computer Science, Social Informatics and Telecommunication Engineering), Hong Kong. ISBN 978-963-9799-26-4. URL http://portal.acm.org/citation.cfm?id=1535641.

[62] Yoohwan Kim, Wei Ren, Ju-Yeon Jo, Yingtao Jiang e Jun Zheng. 2007. SFRIC: Um esquema de roaming rápido e seguro em LAN sem fio usando criptografia baseada em ID. Em: Communications, 2007. ICC '07. IEEE International Conference on, páginas 1570-1575.

[63] Maryna Komarova e Michel Riguidel. 2007. Esquema optimizado de distribuição de bilhetes para o protocolo de re-autenticação rápida (fap). In: Proceedings of the 3rd ACM workshop on QoS and security for wireless and mobile networks, pages 71-77. ACM, Chania, Ilha de Creta, Grécia. ISBN 978-1-59593-806-0. URL http://portal.acm.org/citation.cfm?id=1298239.1298253.

[64] R. Koodli. 2005. fast handovers for mobile IPv6. Número 4068 em Request for Comments. IETF. URL http://www.ietf.org/rfc/rfc4068.txt. Revisto da RFC 5268.

[65] Rajeev Koodli e Charles E. Perkins. 2001. Mudanças rápidas e transferências de contexto em redes móveis. SIGCOMM Comput. Commun. Rev. 31, no. 5, páginas 37-47. URL http://portal.acm.org/citation.cfm?id=1037113.

[66] J. Laganier e L. Eggert. 2008. Extensão de rendezvous do protocolo de identidade do anfitrião (HIP). Número 5204 em Request for Comments. IETF. URL

http://www.ietf.org/rfc/rfc5204.txt.

[67] Pierre Lescuyer e Thierry Lucidarme. 2008 Evolved Packet System (EPS). John Wiley and Sons. ISBN 0470059761, 9780470059760.

[68] Wei Liang e Wenye Wang. 2004. Um esquema de controlo de autenticação local baseado na arquitetura AAA em redes sem fios. Em: Conferência de Tecnologia Veicular, 2004. VTC2004-Fall. 2004 IEEE 60th, Volume 7, Páginas 52765280 Vol. 7. ISBN 1090-3038.

[69] J. Loughney, M. Nakhjiri, C. Perkins e R. Koodli. 2005. protocolo de transferência de contexto (CXTP). Número 4067 em Request for Comments. IETF. URL http://www.ietf.org/rfc/rfc4067.txt.

[70] Rafa Marin, Pedro Fernandez e Antonio Gomez. 2009. Abordagem tripartida para transferência rápida em redes sem fios baseadas em EAP. Em: Towards Meaningful Internet Systems 2007: CoopIS, DOA, ODBASE, GADA, and IS, páginas 1734-1751. URL http://dx.doi.org/10.1007/978-3-540-76843- 2_43.

[71] M. Mealling e R. Daniel. 2000. O registo de recursos DNS Naming Authority Pointer (NAPTR). Número 2915 em Request for Comments. IETF. URL http://www.ietf.org/rfc/rfc2915.txt. Obsoleto pelos RFCs 3401, 3402, 3403, 3404.

[72] Ulrike Meyer e Susanne Wetzel. 2004. Um ataque man-in-the-middle em UMTS. Em: Actas do Workshop da ACM sobre segurança sem fios (WiSe 2004). ACM.

[73] Ulrike Meyer e Susanne Wetzel. 2004. sobre o impacto da cifragem GSM e dos ataques man-in-the-middle na segurança das redes GSM/UMTS interoperantes. In: Actas do Simpósio Internacional do IEEE sobre Comunicações Rádio Pessoais, Interiores e Móveis (PIMRC 2004). IEEE.

[74] S. P. Miller, B. C. Neuman, J. I. Schiller, e J. H. Saltzer. 1987. sistema de autenticação e autorização kerberos. http://eprints.kfupm.edu.sa/47456/. URL http://eprints.kfupm.edu.sa/47456/.

[75] A Mishra, M Shin, W Arbaugh, I Lee, e K Jang. 2003. Proactive Key Distribution to support fast and secure roaming.Technical report, IEEE 802.11 Working Group, IEEE-03-084r1-I.   URL http://www.ieee802.org/11/Documents/DocumentHolder.

[76] A. Mishra, M. Shin e W.A. Arbaush. 2004. Caching de contexto usando gráficos de vizinhança para handoffs rápidos numa rede sem fios. Em: INFOCOM 2004. 23ª Conferência Anual Conjunta das Sociedades de Computadores e Comunicações do IEEE, Volume 1, Página 361. ISBN 0743-166X.

[77] A. Mishra, Min Ho Shin, N.L. Petroni, T.C. Clancy e W.A. Arbaugh. 2004. Distribuição proactiva de chaves utilizando gráficos de vizinhança. Wireless Communications, IEEE 11, no. 1, páginas 26-36.

[78] P.V. Mockapetris. 1983. nomes de domínio: Conceitos e possibilidades. Número 882

em Request for Comments. IETF. URL http://www.ietf.org/rfc/rfc882.txt. Obsoleto pelos RFCs 1034, 1035, atualizado pelo RFC 973.

[79] P.V. Mockapetris. 1983. nomes de domínio: Especificação de implementação. Número 883 em Request for Comments. IETF. URL http://www.ietf.org/rfc/rfc883.txt. Obsoleta pelos RFCs 1034, 1035, actualizada pelo RFC 973.

[80] P.V. Mockapetris. 1987. nomes de domínio - conceitos e possibilidades. Número 1034 em Request for Comments. IETF. URL http://www.ietf.org/rfc/rfc1034.txt. Atualizado pelos RFCs 1101, 1183, 1348, 1876, 1982, 2065, 2181, 2308, 2535, 4033, 4034, 4035, 4343, 4035, 4592.

[81] P.V. Mockapetris. 1987. nomes de domínio - implementação e especificação. Número 1035 em Request for Comments. IETF. URL http://www.ietf.org/rfc/rfc1035.txt. Atualizado pelos RFCs 1101, 1183, 1348, 1876, 1982, 1995, 1996, 2065, 2136, 2181, 2137, 2308, 2535, 2845, 3425, 3658, 4033, 4034, 4035, 4343.

[82] R. Molva, D. Samfat, e G. Tsudik. 1994. authentication of mobile users. Network, IEEE 8, no. 2, páginas 26-34.

[83] R. Moskowitz e P. Nikander. 2006. Arquitetura do protocolo de identidade do anfitrião (HIP). Número 4423 em Request for Comments. IETF. URL http://www.ietf.org/rfc/rfc4423.txt.

[84] MP-MasterPlanet Oy. SparkNET, Wi-Fi para empresas e comunidades. http://www.sparknet.fi/. URL http://www.sparknet.fi/.

[85] V. Narayanan e L. Dondeti. 2008 Extensões EAP para o Protocolo de Reautenticação EAP (ERP). Número 5296 em Request for Comments. IETF. URL http://www.ietf.org/rfc/rfc5296.txt.

[86] B.C. Neuman e T. Ts'o. 1994. Kerberos: um serviço de autenticação para redes de computadores. Communications Magazine, IEEE 32, no. 9, páginas 3338.

[87] Edith C. H. Ngai e Michael R. Lyu. 2006. Um serviço de autenticação baseado em confiança e agrupamento em redes ad hoc sem fios: Descrição e avaliação da segurança. In: Proceedings of the IEEE International Conference on Sensor Networks, Ubiquitous, and Trustworthy Computing, SUTC'06, pages 94-103. IEEE Computer Society. ISBN 0-7695-2553-9-01. URL http://portal.acm.org/citation.cfm?id=1137083.

[88] Valtteri Niemi e Kaisa Nyberg. 2003. Segurança UMTS. John Wiley and Sons. ISBN 0470847948, 9780470847947.

[89] NIST. 2001. Requisitos de segurança para módulos criptográficos, FIPS PUB 140-2. URL http://csrc.nist.gov/groups/STM/cmvp/standards.html. Com o aviso de alteração 4, 3 de dezembro de 2002.

[90] NIST. 2003 Recommendation for Key Management, Part 1 General Guideline and

Part 2 Best Practices for Key Management Organisation, Special Publication 800-57, DRAFT.

[91] Y. Ohba. 2009. Suporte de pré-autenticação para PANA. Projeto de Internet draft-ietf-pana-preauth-06, Internet Engineering Task Force. URL `http://www.ietf.org/internet-drafts/draft-ietf-pana-preauth- 06.txt`. Trabalho em andamento.

[92] Y. Ohba e G. Zorn. 2009 Declaração de problemas de autenticação antecipada do protocolo de autenticação extensível (EAP). Projeto de Internet draft-ietf-hokey-preauth-ps-09, Grupo de Trabalho de Engenharia da Internet. URL `http://www.ietf.org/internet-drafts/draft-ietf-hokey-preauth- ps-09.txt`. Trabalho em andamento.

[93] Yoshihiro Ohba, Subir Das e Ashutosh Dutta. 2007. Kerberised handover keying: a media-independent handover key management architecture. In: Proceedings of 2nd ACM/IEEE international workshop on Mobility in the evolving internet architecture, pages 1-7. ACM, Kyoto, Japão. ISBN 978-159593-784-8. URL http://portal.acm.org/citation.cfm?id=1366932.

[94] Sangheon Pack e Yanghee Choi. 2002. Fast Inter-Ap Handoff Using Predictive Authentication Scheme in a Public Wireless LAN. In: Proceedings of IEEE Networks conference (confunction of IEEE ICN and IEEE ICWLHN). URL http://citeseerx.ist.psu.edu/viewdoc/summary?doi=10.1.1.20.138.

[95] Sangheon Pack e Yanghee Choi. 2002. Fast Handoff pré-autenticado numa LAN pública sem fios com base no modelo IEEE 802.1x.

IFIP TC6 Personal Wireless Communications páginas 175-182. URL http://citeseerx.ist.psu.edu/viewdoc/summary?doi=10.1.1.19.9564.

[96] C. Perkins. 1996. Suporte à mobilidade IP. Número 2002 em Request for Comments. IETF. URL http://www.ietf.org/rfc/rfc2002.txt. Obsoleto pelo RFC 3220, atualizado pelo RFC 2290.

[97] C. Perkins. 2002. Suporte de Mobilidade IP para IPv4. Número 3220 na Solicitação de Comentários. IETF. URL http://www.ietf.org/rfc/rfc3220.txt. Revisto da RFC 3344.

[98] C. Perkins. 2002. Suporte à mobilidade IP para IPv4. Número 3344 na Solicitação de Comentários. IETF. URL http://www.ietf.org/rfc/rfc3344.txt. Atualizado pela RFC 4721.

[99] C. Perkins e P. Calhoun. 2005. Chaves de registo de autenticação, autorização e contabilidade (AAA) para IPv4 móvel. Número 3957 em Request for Comments. IETF. URL http://www.ietf.org/rfc/rfc3957.txt.

[100] Charles E. Perkins. 1997. mobile IP: design principles and practices. Prentice Hall PTR. ISBN 0201634694.

[101] A. R. Prasad, J. Laganier, A. Zugenmaier, M. Bargh, B. Hulsebosch, E. H Eertink,

G. J Heijenk e J. Idserda. 2007. Mobilidade e gestão de chaves em SAE/LTE. http://eprints.eemcs.utwente.nl/10930/.   URL http://eprints.eemcs.utwente.nl/10930/.

[102] Anand Prasad. 2006. The Future Re-Visited. Wireless Personal Communications 37,   no.   3,   páginas   187-211.   URL http://dx.doi.org/10.1007/s11277- 006-9035-8.

[103] A.R. Prasad e H. Wang. 2005. Transferência rápida baseada em chaves de roaming em WLANs. In: Wireless Communications and Networking Conference, 2005 IEEE, Volume 3, Pages 1570-1576 Vol. 3. ISBN 1525-3511.

[104] M. Rahnema. 1993. Visão geral do sistema GSM e da arquitetura do protocolo. Communications Magazine, IEEE 31, no. 4, páginas 92-100.

[105] B. Schilit, J. Hong, e M. Gruteser. 2003. Proteção da privacidade na localização sem fios. Computer 36, no. 12, páginas 135-137.

[106] Stefania Sesia, Issam Toufik e Matthew Baker. 2009 LTE, The UMTS Long Term Evolution. John Wiley and Sons. ISBN 0470697164, 9780470697160.

[107] Adi Schamir. 1985. identity-based cryptosystems and signature schemes. In: Proceedings of CRYPTO 84 on Advances in cryptology, pages 47-53. Springer-Verlag New York, Inc. em Santa Barbara, California, Estados Unidos. ISBN 0-387-15658-5. URL http://portal.acm.org/citation.cfm?id=19483.

[108] R. Shirey. 2000. Glossário de segurança da Internet. Número 2828 em Request for Comments. IETF. URL http://www.ietf.org/rfc/rfc2828.txt. Observado pela RFC 4949.

[109] Nicolas Sklavos, Spyros Denazis e Odysseas Koufopavlou. 2007. AAA e redes móveis: aspectos de segurança e eficiência arquitetónica. In: Proceedings of the 3rd international conference on Mobile multimedia communications, pages 1-4. ICST (Institute of Computer Science, Social Informatics and Telecommunications Technology), Nafpaktos, Grécia. ISBN 978-96306-2670-5. URL http://portal.acm.org/citation.cfm?id=1385343.

[110] Dirk Balfanz Smetters, Dirk Balfanz, D. K Smetters, Paul Stewart e H. Chi Wong. 2002. Talking To Strangers: Authentication in Wireless Ad Hoc Networks. In: Proceedings of Network and Distributed System Security Symposium NDSS'02. San   Diego.   URL http://citeseerx.ist.psu.edu/viewdoc/summary?doi=10.1.1.16.1408.

[111] H. Soliman, C. Castelluccia, K. ElMalki, e L. Bellier. 2008. Gestão da mobilidade do IPv6 móvel hierárquico (HMIPv6). Número 5380 em Request for Comments. IETF. URL http://www.ietf.org/rfc/rfc5380.txt.

[112] Grupo de trabalho móvel do TCG. 2007.   TCG Mobile Trusted   Module   Sepecification   Version   1   rev.   1.0.   URL https://www.trustedcomputinggroup.org/specs/mobilepho

ne/tcg- mobile-trusted-module-1.0.pdf.

[113] C. Tchepnda, H. Moustafa, H. Labiod, e G. Bourdon. 2008. um esquema de autenticação e entrega de credenciais multi-hop de camada 2 para redes veiculares. Em: Global Telecommunications Conference, 2008. IEEE GLOBE-COM 2008. IEEE, páginas 1-6. ISBN 1930-529X.

[114] J. Toonstra e W. Kinsner. 1996. a radio transmitter fingerprinting system ODO-1. in: Electrical and Computer Engineering, 1996. Canadian Conference on, volume 1, páginas 60-63 vol.1.

[115] Chien-Chao Tseng, Kuang-Hui Chi, Ming-Deng Hsieh e Hung-Hsing Chang. 2005. Transferência rápida baseada na localização para redes 802.11. Communications Letters, IEEE 9, no. 4, páginas 304-306.

[116] Martin Varsavsky e a equipa FON. FON, grande comunidade WiFi e router social. http://www.fon.com/. URL http://www.fon.com/.

[117] Hector Velayos. 2005. redes sem fios autónomas. Dissertação, Instituto Real de Tecnologia (KTH).

[118] Hector Velayos e Gunnar Karlsson. 2008. um sistema de distribuição para LANs sem fios IEEE 802.11 de grande escala. Transilvânia, Roménia.

[119] X. Zheng e B. Sarikaya. 2009. handover keying and its applications. Network, IEEE 23, no. 2, páginas 27-34.

[120] Philip R. Zimmermann. 1995. The Official PGP User's Guide. MIT Press. ISBN 0262740176, 9780262740173.

[121] Saber Zrelli e Yoichi Shinoda. 2006. Estrutura de início de sessão único para operações AAA em redes móveis comerciais. In: Proceedings of the First International Conference on Availability, Reliability and Security, páginas 74-81. IEEE Computer Society. ISBN 0-7695-2567-9. URL http://portal.acm.org/citation.cfm?id=1130912.

Índice

yes
I want morebooks!

Buy your books fast and straightforward online - at one of world's fastest growing online book stores! Environmentally sound due to Print-on-Demand technologies.

Buy your books online at
www.morebooks.shop

Compre os seus livros mais rápido e diretamente na internet, em uma das livrarias on-line com o maior crescimento no mundo! Produção que protege o meio ambiente através das tecnologias de impressão sob demanda.

Compre os seus livros on-line em
www.morebooks.shop

Printed by Books on Demand GmbH, Norderstedt / Germany